MW01602651

Crianza, Violencias Invisibles y Adicciones

Laura Gutman

Crianza, Violencias Invisibles y Adicciones

Del Nuevo Extremo

Gutman, Laura
    Crianza / coordinado por Tomás Lambré - 1a ed. 1a reimp. - Buenos Aires :
Del Nuevo Extremo, 2006. 146 p. ; 15 x 22 cm.
ISBN 987-1068-95-6
1. Psicologia Infantil. I. Lambré, Tomás, coord. II. Título
CDD 155.4

Crianza: Violencias invisibles y adicciones

@ 2005, Laura Gutman
@ 2006, Editorial del Nuevo Extremo S.A.
Juncal 4651 - C1425BAE - Buenos Aires - Argentina
Tel/Fax: 54 11 - 4773-3228
e-mail: editorial@delnuevoextremo.com
www.delnuevoextremo.com

Director Editorial: Miguel Lambré
Coordinador de Edición: Tomás Lambré
Imagen Editorial: Marta Cánovas
Diseño de Tapa e Interior: Alejandro Firszt
Corrección de Edición: Mónica Ploese
Imagen de tapa: Esther Messer - "Mujer disfrutando" (fragmento)
            www.esthermesser.com

Primera edición: mayo 2006
Primera reimpresión: septiembre de 2006

ISBN-10: 987-1068-95-6
ISBN-13: 978-987-1068-95-1

La presente edición consta de 3000 ejemplares y se terminó de imprimir en Gráfica Laf
S.R.L., Espinosa 2827, Ciudad de Buenos Aires, en el mes de septiembre de 2006.

Impreso en Argentina - *Printed in Argentina*

Dedico este libro a mis hijos,
Micaël, Maïara y Gaia,
esperando que se conviertan en padre
y madres amorosos.

Y a mi marido, Leonardo Szames,
en agradecimiento a su apoyo incondicional,
su protección y su amor.

Índice

pasiva (el otro me destruye). Violencia hacia adentro (me autodestruyo-debilidad). Adicciones (devorarlo todo). La vivencia de voracidad desde el lugar de la madre.

"ADD" y la medicación psiquiátrica. Juan y los caballos. Niños índigo, niños cristal, niños arco iris y niños como sea que los queramos llamar. Exceso de estímulos en los niños y preparación para la adicción a la vorágine. Creando adolescentes en riesgo.

Primera Parte

Fusión

Capítulo 1

El agua oscura de la maternidad

Buscar soluciones o pensar más.
La maternidad es una zambullida
en el agua oscura del inconsciente.
La noche.
Nacimiento y muerte.

Buscar soluciones o pensar más

La lectura de mis dos libros anteriores, *La Maternidad y el encuentro con la propia sombra* y *Puerperios y otras exploraciones del alma femenina*, ha generado reacciones bastante homogéneas entre las mujeres que hemos devenido madres. Por un lado, encontramos palabras que describen y traducen la maraña de sensaciones caóticas que trae consigo la maternidad, aportando alivio frente al abismo de la aparente locura.

Por otro lado, nos activa recuerdos y emociones escondidas –es decir, sombrías– con lo cual crecen la angustia y una indescriptible necesidad de hacer algo con la historia que llevamos a cuestas.

Pero "hacer algo" no es tan sencillo. Y convivir con el alivio y, al mismo tiempo, con una angustia creciente tampoco es muy fácil de comprender. En nuestro interior conviven ambas sensaciones, que son manifiestamente opuestas.

La incomodidad que nos produce esta contrariedad, nos lleva a fantasear con poseer una varita mágica que nos aporte la solución ideal y nos restablezca la confianza que teníamos antes del nacimiento del niño, cuando no teníamos que lidiar con ambivalencias tan imposibles de resolver. Entonces, buscamos respuestas consumiendo consultas terapéuticas o médicas; pero, de todas formas, no terminamos de sentirnos bien. Nuestra desesperación crece, ya que los niños continúan llorando, enfermándose o portándose muy mal; por lo tanto, la frustración nos inunda y salimos "afuera" esperando encontrar la solución definitiva.

Como he comprobado que la búsqueda desesperada de "soluciones" personales no nos lleva a buen puerto, propongo a través del presente libro, **elevar nuestro pensamiento**. He tratado de transcribir en lenguaje femenino, lo más fielmente posible, la diversidad de sensaciones, realidades emocionales y choques de creencias, con el objetivo de pensar más, reflexionar más y ordenar más. Luego, tal vez, afinando más la autopercepción y haciéndonos preguntas más pertinentes, quizá podamos abordar nuestros "problemas" con más autonomía y madurez emocional. Pero siempre a través del pensamiento y la indagación personal. No tengo ninguna intención de proponer "soluciones", ya que descreo profundamente de cualquier "solución" que apunte al ego –es decir, a lo que cada uno cree que necesita– y no a la búsqueda del yo interior, es decir, a la totalidad del ser con su luz y su sombra.

Sé perfectamente que estoy agitando aguas muy subterráneas del inconsciente colectivo femenino. Sobre todo, esas aguas pantanosas donde moran las identificaciones de los arquetipos maternales. Me refiero a que todos necesitamos "ubicarnos" y "ubicar" a los demás en algún estante más o menos organizado desde donde controlar los movimientos de la vida. El hecho maternal es un momento óptimo para que aparezcan las figuras arquetípicas que podemos admirar o descartar, como, por ejemplo, la madre devoradora, la madre que todo lo puede, la madre que mata, la que nutre, la que abandona, la que se sacrifica, la que muere, la que depreda, la que desaparece o la que cuida amorosamente. Todas esas madres que viven en nuestro incon-sciente aparecen en escena con la lectura de mis libros, que recogen las vivencias conscientes y no conscientes de todas nosotras. Estoy sencillamente traduciendo la realidad emocional de todas las madres que consultan y piden ayuda con sus hijos en brazos, describiendo con palabras simples lo que nos pasa a todas. Entiendo que esto es lo que más "moviliza", lo que atrae y, al mismo tiempo, dificulta la lectura.

Pues bien, **hagámonos cargo todas las madres** que se trata de esto: de remover **historias personales** muy antiguas, pero que tienen en común el tejido de vivencias femeninas que compartimos como género a lo largo de la historia. No tengo soluciones para cada una de las mujeres que tenga en sus manos este libro. Pero ofrezco algo que puede serles útil: algunas herramientas para emprender la búsqueda de los lugares sombríos de cada una de nosotras, para reconocer las señales que ya están vibrando desde el dormitorio azul de nuestros hijos.

La maternidad es una zambullida en el agua oscura del inconsciente

Hemos descrito en los libros ya mencionados, el fenómeno de la fusión emocional, y la cualidad sutil dentro del vínculo con un bebé o un niño pequeño. También damos por comprendido que las mujeres abandonamos el mundo de las formas y nos zambullimos forzadamente en un mundo oceánico, sin bordes, sin tiempos y sin "hoja de ruta". A lo sumo, encontramos un único indicador, que es el bebé, pero que viene envasado en formato indescifrable y con un manual de uso incomprensible.

La maternidad es un fenómeno absolutamente misterioso. Y no me refiero sólo a la crianza del niño, con todas las dificultades que conlleva, sino al viaje personal que cada mujer emprende en presencia del niño pequeño, aunque no lo sepa. En principio, es un viaje a ciegas, sin preparación adecuada y sin red. Atravesar la maternidad en nuestros días, se parece al vértigo que produce arrojarse por un tobogán de agua que adquiere velocidad en pocos segundos, deslizándonos sin referentes, sin lugares fijos de donde amarrarnos, sin saber en qué lugar del recorrido estamos ni cuándo termina. Es el agua que inunda nuestra conciencia, revuelve y escupe nuestro cuerpo, no nos permite respirar y se apropia de toda lógica y razón. En medio de la caída hacia la nada, sin posibilidad de luchar contra la corriente, casi ahogadas por el torrente de agua cristalina, aparecen a borbotones sentimientos ocultos o reprimidos, que emergen y nos sorprenden. Somos prisioneras de un tobogán sinuoso y con trampas, sin instrucciones ni señales confiables.

Concretamente y con menos poesía, toda madre reciente se siente perdida, a pesar de todas las "preparaciones" que haya dispuesto para el embarazo, el parto y el puerperio. Aun si ha leído los libros correspondientes, ha practicado yoga con suficiente disciplina, ha meditado cada mañana y ha dispuesto un cuarto primoroso para el bebé tan deseado, toda previsión se desvanece ante la estruendosa zambullida en las aguas puerperales, que son oscuras e invisibles al mismo tiempo.

Efectivamente, es un período rarísimo en el que nos damos cuenta de que nuestro intelecto no siempre nos puede ayudar a decodificar lo que sucede. Esa parte cerebral de nuestra naturaleza, que quiere saber todo lo que pasa, siempre en búsqueda de una explicación sensata, entra en cortocircuito. El bebé llora y se supone que tenemos que encontrar —en primer lugar— una explicación y, en segundo lugar, una solución tangible. Por eso nos aferramos a las explicaciones, aunque no obtengamos resultados. Por ejemplo, cuando el bebé llora, necesitamos determinar que el motivo es "porque sufre de cólicos", así tenemos algo concreto para "hacer" suministrándole la medicación sugerida; pero aunque el bebé continúe llorando deseamos que la interpretación siga siendo válida. Queremos seguir creyendo que "son los cólicos", necesitamos que las explicaciones nos salven, al menos que salven nuestra identidad racional. Especialmente las mujeres que valoramos el intelecto necesitamos controlar y ordenar los pensamientos, frente a la catástrofe de que nada de lo que este bebé hace está claramente descrito en los libros ni disponemos de instrucciones precisas para solucionar el caos.

Hasta que, una noche cualquiera, hartas de los cólicos y del bebé que no se calma ni duerme a pesar de nuestras acciones... nuestra mente cree enloquecer. Ya no podemos hacer nada. Nos deslizamos entre las sábanas creyendo que estamos perdidas. Ya no sabemos, ni queremos, ni intentamos, ni decidimos, ni pensamos. Basta. Bajamos los brazos. Lloramos.

Ése es el momento mágico, el instante sublime en que el bebé, que sencillamente llora, nos conduce suavemente por el camino del auto-descubrimiento. Sí. El bebé recién nacido nos conduce a los niveles etéreos, donde no hay mucho para pensar ni para hacer, salvo entrar en sintonía con el alma. Estamos en la situación perfecta para absorber la experiencia, no para analizarla. Claro que es muy difícil comprender lo que nos pasa mientras pasa. El bebé se permite invitar a casa a algunas criaturas extrañas de nuestro cielo interno. O de nuestro propio pequeño infierno. En medio de ese llanto compartido, sentimos un dolor dulce y calentito, profundo e indescriptible. Con cada llanto del bebé, con cada demanda, con cada pedido, con cada momento de soledad sentimos que morimos un poco. Les puedo asegurar que muere nuestra identidad, a la que nos aferramos con uñas y dientes.

Es justamente nuestra identidad la que está acostumbrada a permanecer apegada a las personas y a las circunstancias, pero durante el período puerperal, los símbolos de seguridad se disuelven en el agua. Por eso sólo nos resta reflexionar sobre nuestras verdaderas seguridades y descubrir que ya no podemos exigírselas a nadie más que a nosotras mismas. En ese momento se abren puertas que nunca habíamos visto y que nos aterrorizan. Todo lo que tenemos que hacer es tener confianza y entregarnos. La vida se irá acomodando siempre a favor de todos. La presencia del niño disuelve lo que se haya cristalizado excesivamente en nuestro interior, especialmente los miedos arcaicos y los propios prejuicios hacia nosotras mismas. Es un período en el cual nos sentimos descentradas, raras, emocionalmente inestables y confusas con respecto al devenir de nuestra vida. Sentimos que algo no está bien, sin lograr determinar exactamente qué es. Pueden pasar algunos años hasta descubrir qué es lo que nos preocupa en realidad. Mientras tanto, las cosas se muestran confusas, y es correcto que así sea. Esto se llama puerperio.

De todas maneras, hay aspectos complicados del puerperio que parecen prolongarse para siempre. En nuestros días, en los que el concepto de "rápido" y "concreto" parece ser una virtud universal, el puerperio en sí mismo contradice este acuerdo tácito, pues trae un andar lento, donde nada se resuelve. La fusión emocional, en sí misma, y la experiencia de la maternidad como camino de encuentro personal, necesitan **mucho tiempo** para hundirse en esos espacios profundos y oscuros de nuestro inconsciente. Cuanto más lenta es la travesía, más tiempo tenemos para integrar esta experiencia a la conciencia y más completa será nuestra reconstrucción interna emocional. **No hay que apurar las cosas en el mundo puerperal.** Sería tan contraproducente como intentar correr en el fondo del mar en lugar de nadar fluidamente en la esfera oceánica.

Entrar en sintonía con el bebé altera nuestro estado de conciencia. Esa conciencia que nos daba seguridad y orden, se torna difusa y obsoleta. Con frecuencia estamos olvidadizas, inconsistentes e irracionales en nuestra respuesta emocional ante la vida. El mundo acuático del inconsciente tironea desde las poderosas corrientes subterráneas, tratando de poner en riesgo nuestro equilibrio emocional. El puerperio es un estado de máxima vulnerabilidad, por ello es imprescindible que las mujeres estemos cuidadas y amparadas por individuos (o familias, grupos o sociedades) que permanezcan en tierra firme.

Aunque podemos parecer menos sólidas... es el momento de despojarnos del antiguo "yo", y en plena metamorfosis espiritual... nada queda en su sitio, mucho menos la propia identidad. Lo importante es saber que no hay fechas para lograr objetivos, ya que **es tiempo de tiempos sin bordes.** Poseemos muy poca energía física y estamos perplejas ante nuestra falta de iniciativa en el mundo concreto. En estos períodos, no logramos definir con agudeza lo que deseamos para nosotras mismas, los anhelos se tornan borrosos y si nos detenemos a pensar en nuestros proyectos personales, aparece la incertidumbre con respecto a nuestro futuro. Es raro, nos sentimos completamente fuera de foco. Inexplicablemente hemos abandonado nuestras metas, que parecían ser importantísimas hace poco tiempo atrás, y ahora no sabemos cuáles son nuestras prioridades. Nuestros comportamientos rígidos se derriten y aparecen otras cualidades de adaptación insospechadas antes de la maternidad.

Posiblemente en el pasado hayamos valorado más la acción que la contemplación. Por eso es frecuente que creamos que los proyectos que no hemos tenido tiempo de concretar durante el embarazo, tenemos que realizarlos **ahora.** Las mujeres hemos dejado en *stand-by* una enormidad de proyectos: trabajo, clases, alumnos, consultantes, clientes... hipotéticamente para atenderlos unos días después del parto. Al igual que varias ideas que no tuvimos tiempo de concretar durante el embarazo, pero que supusimos que las realizaríamos después del nacimiento del niño que –nos habían dicho y es lo que quisimos escuchar– sólo iba a comer y dormir.

El problema es que la **maternidad** desdibuja los bordes y las acciones no se concretan por razones aparentemente misteriosas, especialmente si lo que deseamos iniciar es algo atrevido, nuevo, original y con pronóstico de éxito. Para lograr algo mínimo, necesitamos mucha más energía que en otras circunstancias. Con esto no quiero decir que no vale la pena emprender **nada** de interés personal. No. Pero la realidad emocional se presenta bajo formas inusuales, los planes que hay para nosotras en este período difieren de nuestras fantasías imaginadas antes del parto; así que si no aprendemos a fluir ante la evidencia de haber perdido todo el control, entraremos en "cortocircuito emocional".

Tal vez nos sea útil saber que vale la pena tener paciencia y comprender que todo lo que vivimos confusamente algún día nos permitirá mayor visión y claridad y, seguramente, mayor autocomprensión, especialmente si nuestra identidad se entrega y fusiona con una conciencia superior. Es verdad que no nos reconocemos en el espejo, que una parte importantísima de nosotras mismas ha desaparecido, sin embargo, la maternidad nos enseña que no necesitamos depender tanto del mundo externo, sino que tendremos que aprender a valorarnos y a conocer nuestro yo profundo.

Aunque no lo sepamos de antemano, durante el tránsito del puerperio vamos a confrontar con dolores y heridas que mantuvimos enterrados durante años. Y esto no es sencillo ni veloz. Muchos recuerdos traumáticos se actualizan, algunos se manifiestan en el cuerpo del niño pequeño, otros son proyectados en personas que ahora forman parte de nuestra vida cotidiana. Este fenómeno forma parte también de la muerte espiritual y del desarmado de la antigua identidad a la que nos habíamos aferrado en el pasado, y que se desvanece con el niño en brazos.

Podemos desesperar, culpar a todo el mundo, enojarnos y maltratar al niño. Claro que podemos. También podemos buscar recursos para escuchar con más detenimiento la voz interior, que nos muestra caminos alternativos hacia nuestro destino.

La noche

Sólo las mujeres que hemos sido madres sabemos qué significa atravesar las noches con un niño en brazos. Si creemos que hay objetivos que cumplir y si suponemos que el bebé **debe** dormir... la experiencia puede parecerse al infierno. Una vez pasado el hechizo del parto, incluso si ha sido muy traumático, llega un momento en que se instala la rutina, las noches se suceden y se agrandan a cada instante. El cuerpo resiste cada vez menos, agobiado por el cansancio y el dolor de espaldas. La tensión crece dentro de la pareja, ya que el niño se va convirtiendo en un pequeño monstruo que devora todas las ilusiones que habíamos inventado durante el enamoramiento. Sin posibilidad de dormir, la desintegración psicológica es bien real. Nuestras expectativas personales son cada vez más pobres, ya no pretendemos ser inteligentes o funcionales, ¡sólo queremos dormir!

Cada noche puede convertirse en un abismo interminable y oscuro, sobre todo si tenemos miedo. Miedo de hacer las cosas mal, de equivocarnos, de haber tomado malas decisiones, de ser una madre o un padre poco preparados para estos menesteres. Entonces pelearemos contra lo que sucede, entraremos en guerra contra el recién nacido, contra sus reclamos y necesidades. Aparecerá el temor antes de cada anochecer, justo en el instante en que el niño comenzará a llorar sin consuelo. Buscaremos respuestas entre los médicos y pensaremos que las cosas andan muy mal.

En cambio, si alguien nos ayuda sin ofrecernos soluciones concretas, sino proponiéndonos un acercamiento al corazón, es posible que sintamos una molesta contradicción. Nuestra mente racional no puede manejar bien las definiciones dudosas y vagas sobre temas críticos para el entendimiento. Sin embargo, esas cuestionables definiciones son las que se encuentran con más frecuencia durante el tránsito de la maternidad, donde la mayoría de las palabras carecen de sentido y donde los ángeles conspiran para que vivamos experiencias místicas.

En realidad, el niño nos está buscando con el único fin de que nosotras mismas nos encontremos. A través del dolor o la soledad, nuestra percepción aumenta y así podemos entrar en contacto con nuestras zonas oscuras: ése es el propósito de nuestros hijos. Por eso nos despiertan, para recordarnos que necesitamos permanecer juntos, apegados, piel a piel, corazón a corazón, de día y de noche, sin que nos importe nada del mundo externo. Quedarnos muchas horas entre sueños nos acerca las respuestas que estábamos anhelando encontrar. A medida que nos acercamos a nuestra entidad interior, a nuestro yo espiritual, nos damos cuenta de quiénes somos y qué vinimos a hacer en este mundo. Hay pocos momentos de conexión y de encuentro personal tan poderosos como los que se dan durante la noche con un niño en brazos, sólo si estamos dispuestas a mantenernos entre tinieblas, **con el niño efectivamente en brazos**.

De hecho, la noche puede convertirse en una bendición sólo si aceptamos entrar en contacto profundo con ese niño, que es la representación viva de nuestra espiritualidad y de nuestro yo profundo. Podemos lograr un estado de paz, equilibrio y plenitud sin necesidad de meditar, de buscar un guía o de viajar a la India. **Dar de mamar sin pausa y fluidamente a un niño en medio de la noche es una meditación trascendental**. Fundirnos en esa única realidad que es un niño muy pequeño succionando nuestros pechos plácidamente, siempre y cuando no estemos pensando en dar por terminado nuestro espacio de placer y de leche, es suficiente para alcanzar niveles de paz y sabiduría interior insospechados.

Para el niño pequeño no hay tiempo, y los relojes no sirven de nada en el **reino atemporal de la maternidad**. Durante la noche, moribundas de cansancio y sudor, podemos sentirnos verdaderamente en estado de gracia divina. Nada nos priva de continuar entregándonos a este raro sentimiento de disfrutar de la riqueza espiritual que llevamos dentro.

La noche con un niño en brazos que **no puede ni debe estar solo** es una oportunidad. Es la ocasión de estar lúcidas cuando el mundo entero duerme, cuando el teléfono no suena, cuando no hay distracción posible. Así perpetuamos la magia del pasaje entre el más allá y el más acá. Dejamos la puerta entreabierta. Soñamos. Deliramos. Y derretimos lo que queda de nuestros pensamientos, mezclándolos con ideas extrañas, música celestial y olor a leche.

Sé que descritas de esta manera, las noches puerperales pueden parecer románticas. Pero no lo son. Al contrario, normalmente son caóticas para las parejas. Llamativamente, las madres que crían solas a sus hijos no viven tan dramáticamente las noches sin dormir, tal vez porque están más entregadas, porque eso es todo lo que pueden hacer: dormirse con el niño sobre el vientre cuando ambos terminan agotados cada jornada. No hay varón que reclame espacio, ni comida, ni sexo, ni mirada. En mi experiencia, las madres solas cuentan menos lo que les pasa, porque saben que serán juzgadas hagan lo que hagan. Entonces, se arreglan en sintonía con el bebé, ya que pocas veces cuentan con alguien más. Para las parejas es más complejo: ambos quieren continuar con los acuerdos previos al nacimiento del niño, pero la tensión aumenta a medida que esos antiguos contratos quedan obsoletos y las madres no pueden responder ni remotamente a ellos.

Nuestra cultura intenta anular lo que queda de intuición. Las reglas que hemos impuesto socialmente a las madres y los padres respecto al "buen dormir" de los niños, son dignas de mentes autoritarias y estúpidas. No hay nada más atroz que dejar llorar a un bebé durante horas porque "es lo correcto". No importa qué teorías avalen tamaña barbaridad. Sigue siendo un despropósito. Un abuso de autoridad. Un castigo cruel.

Desde los inicios de la humanidad, poseemos instintos exquisitamente precisos, sobre todo en cuanto a la supervivencia de la especie y la crianza de los hijos. Pero hace sólo algunos siglos estamos conspirando contra lo más sagrado y genuino que hay en nosotros para confundirnos, de modo tal que ahora necesitamos investigadores que nos digiten cómo resolver cuestiones tan básicas como el comportamiento humano en los vínculos. Creo que el propósito general de esta costumbre reside en borrar toda huella de delirio, de acercamiento al yo espiritual y de pérdida de bordes, y tratar de orientar a las madres a entrar nuevamente en relación con el raciocinio, con la luz del día. En estos casos –que son la gran mayoría– perdemos el contacto con la sabiduría interior, con lo más angelical del niño y con nuestro propio ángel interno.

No es verdad que algunas malas noches en nuestra vida nos puedan desestructurar tanto, ni tengan la capacidad de enloquecernos, a menos que nos estén trayendo noticias de nuestro ser interior que no queremos atender, plasmando en la superficie algunos acontecimientos dolorosos. Ellos nos muestran los tesoros internos que yacen escondidos debajo de la superficie de nuestra realidad consciente.

Entonces sólo nos resta reflexionar sobre el miedo: ¿a qué le tenemos tanto miedo, exactamente? Es obvio que a nuestro propio interior. Aunque, en verdad, no hay peligro, no es posible encontrarnos con algo tan enorme que no podamos enfrentar, ya que los acontecimientos que aparezcan en la superficie sólo pueden llegar a ser tan profundos en su significado como nuestra propia conciencia se lo permita. Del mismo modo, pueden ser tan superficiales como nuestra propia ignorancia se lo permita. Es decir, no puede aparecer una confrontación imposible, ya que el límite es nuestra conciencia.

El niño que despierta de noche es un mensajero, y no sería justo pelearnos con él. Por otra parte, no sabemos cuándo el mensajero volverá a golpear a nuestra puerta.

Nacimiento y muerte

Personalmente, entro en mí misma (no se me ocurre decirlo de otro modo) cada vez que hablo, profundamente y con total honestidad, con una mujer puérpera con su niño en brazos. Son miles de horas de mi vida que he pasado junto a ellos y, en esas oportunidades, nada puede molestarnos. Creo que constituyen momentos de meditación, de éxtasis, de encuentro entre almas que se tocan. Sé que para vivir experiencias místicas no es imprescindible vivir en la montaña ni encender inciensos repitiendo "mantras". Si podemos liberarnos de los sentimientos desnaturalizados, de nuestros miedos y de nuestros llantos reprimidos, aprovechando la energía sencilla y sutil de la presencia del bebé, es relativamente fácil encontrar la armonía con nuestro yo profundo.

La energía que emana cada niño pequeño en brazos de su madre, me traslada a un conocimiento superior. No me refiero a los pequeños conocimientos cotidianos. Es algo indescriptible, como si fuese el amor incondicional. Y no importa cuáles sean los motivos aparentes por los que una madre consulta, casi siempre la sola presencia de la díada madre-bebé me transporta a un canal de luz, desde donde recibo palabras, precisiones, certezas y muchísima claridad.

Por eso estoy segura de que cada madre con su propio hijo en brazos, tiene disponible un canal abierto. No sé cómo decirlo de una forma que no parezca delirante, porque es una vivencia muy verdadera y contundente que, después de muchos años, intento transcribir en palabras. Yo no sé mucho más sobre madres y niños de lo que sabe cualquiera. Sólo soy una paciente observadora y recibo en mi consultorio madres recientes desde hace muchos años. Y constato una y otra vez que si la madre no pone resistencia, si permite que esa intensa luz interior aflore, si calma su necesidad de explicar todos los fenómenos racionalmente, si confía en sí misma y en su hijo, la vivencia se abre como una flor y aparecen todas las certezas. No me refiero a qué hacer con el niño, sino a la convicción profunda que brota sobre permanecer en el aquí y ahora, sobre cuál es su destino, qué ha venido a hacer a este mundo físico, quién es en realidad, y cuál es su tarea.

Cada madre que ha dado recientemente a luz, permanece durante cierto tiempo con los canales abiertos hacia el cosmos. Ese niño viene del más allá trayendo noticias de nuestra espiritualidad, de nuestro ser y nos recuerda quiénes somos. Si yo lo puedo percibir entrando en contacto con una madre y su hijo, ¡cuánta más certeza puede tener cada mujer sobre sí misma! Es sólo cuestión de entregarse y confiar en esas sensaciones rarísimas, donde parece que estamos transportadas a un lugar que no es ningún lugar y a la vez es todos los lugares. Si confiamos en que no estamos enloqueciendo, sino que el niño pequeño acaba de atravesar el umbral entre la muerte y la vida, entre ese otro lugar y éste, tal vez podamos reconocer y aprovechar un estado de conciencia que nos trae sabiduría.

Tener un hijo pequeño en brazos es una puerta de acceso a las profundidades de nuestro ser. Yo creo que es muy similar a los momentos previos a la muerte y, posiblemente, a los momentos inmediatos posteriores a la muerte física. Hay innumerables descripciones de esa luz de claridad absoluta que ven quienes abandonan el cuerpo físico, sintiéndose llenos de amor incondicional, viviendo la comprensión sin juicio y revisando la totalidad de las decisiones tomadas en la vida terrestre.

Del mismo modo, dentro de la "ensoñación" que mantiene a las puérperas alejadas del mundo concreto, casi sin dormir y con un niño siempre apartándolas del pensamiento racional, las madres tenemos la posibilidad de ver esa luz de claridad absoluta. Yo la percibo cuando las miro. Y recibo las palabras que esa madre necesita escuchar.

Las madres tenemos miedo a las aguas oscuras de la propia psique. Pero con el niño en brazos recibimos la compasión que se necesita para abrazar con amor a esas partes de nuestro sombrío ser, que alguna vez rechazamos, no quisimos o creímos que eran irredimibles y que bloquearon nuestra capacidad para sentir felicidad. El puerperio es el momento de liberación. Es la vuelta a casa. Es un volver a empezar con más claridad y conocimiento de nuestro destino.

La presencia del niño trata de dejarnos "dormidas" o inconscientes, para que podamos ingresar mejor en la dimensión intangible de la paz interior. El niño viene de la sombra, recuerda aún muy cercanamente su forma no física, entonces nos trae noticias del más allá, de nuestra alma, e intenta, gracias al llanto de la noche, mantenernos cerca de ese yo original que pretendemos olvidar.

La noche, la muerte, el inconsciente y la maternidad son una misma cosa. Viven todos bajo el mismo reino y están regidos por leyes similares. No es posible concebir, dar a luz y criar a un niño sin estar dispuestas a acercarnos a los misterios de la muerte. De hecho, cada noche que atravesamos sin dormir nos acercamos un poco más a esos lugares entrañablemente oscuros. Por eso, no es indispensable dormir cuando los demás duermen... podemos dormir cada vez que el bebé duerme... y en medio de la noche, espiar dónde es que se reúnen para jugar los místicos y los ángeles.

Capítulo 2

Un puerperio sanador

El puerperio interior.
Las sensaciones de unión con el cosmos.
Desde la vivencia del bebé amparado.
Desde la vivencia del bebé desamparado.
¿Y las madres que trabajamos?

El puerperio interior

Ya he descrito en mi libro *Puerperios y otras exploraciones del alma femenina* el fenómeno de fusión emocional y las alteraciones de la conciencia que se producen si somos capaces de vivir el puerperio como el puerperio lo solicita. Desde entonces he prestado aun más atención a mi percepción, y encontré cada día un abismo mayor entre el puerperio en su "estado natural", si es posible definirlo así, y el "puerperio real" que la mayoría de las mujeres vive.

Puedo medir la distancia entre estos dos "lugares". Paradójicamente, a veces, cuanto más sensible es una mujer, mayor necesidad tiene de alejarse de esas sensaciones bizarras que la conectan con un más allá difuso, y más férreamente se ampara en el mundo racional y en la actividad laboral. Además, si lo que la mujer puérpera busca son soluciones concretas, hallará de todo tipo y se extraviará en las matemáticas de todo lo que hay que hacer para ser una buena madre y para que el niño no moleste más de lo debido.

Sinceramente no sé qué es lo mejor. Sólo sé que cuando una mujer puérpera me consulta, aterrorizada por su propia locura, me vuelvo aún más extravagante contándole historias que he escuchado de otras mujeres. Normalmente a la puérpera le encanta escuchar historias tan disparatadas como las sensaciones que está experimentando, y que aún no ha podido confesárselas a nadie. Ni siquiera a su pareja que ya está perdiendo la paciencia con ella. Nuestras charlas se convierten en diálogos indescriptiblemente insólitos y a veces creo que si alguien escuchara desde afuera del consultorio alguna de estas conversaciones, creería que estamos totalmente perturbadas.

En el presente capítulo, intentaré describir algunas sensaciones frecuentes durante los puerperios. Éstas aparecen sólo si la mujer lo permite, es decir, si **no se asusta**. Y si permanece con el niño fusionado. No he visto que suceda en mujeres que retoman prontamente su trabajo, o que están muy conectadas con la forma física o con las recetas para hacer las cosas bien. Tampoco si su principal preocupación es abocarse a las clases de gimnasia y los masajes para lograr el cuerpo delineado que tenían antes del embarazo. No es en absoluto un juicio de valor, sencillamente no he visto que estas madres estén inundadas de vivencias caóticas en su interior, porque no han permitido que afloren. Sólo pretendo que –para aquellas mujeres que lo necesiten– queden disponibles los relatos de esas "otras" vivencias, que no encuentran un lugar en nuestra cultura para existir.

Constato hace muchos años que el puerperio nos facilita la conexión con el más allá, sea lo que sea que eso pueda significar. Y que esa conexión nos llama a permanecer silenciosamente en fusión y contacto permanente con el bebé. A su vez, el hecho de mantenernos quietas con el bebé, nos abre aún más los canales de conexión.

Sí, estoy insistiendo en permanecer quietas con el bebé a "upa". ¡Ya no sé cómo explicarlo de otra manera! No hay más secretos que ése: la quietud y el silencio. Despojarse de los relojes y quedarse en la cama. ¡Tomarse vacaciones! ¿Acaso no esperamos todo el año que llegue el tiempo de ocio y el abandono de nuestras rutinas? **Pues bien, llegó el bebé: llegó el momento de detenerse.** Es obvio que planteado así, el "se va a mal acostumbrar" no tiene razón de ser, y a esta altura me irrita escuchar una y otra vez la misma pregunta cargada de prejuicios y desconfianza, que confirma cuánto nos cuesta abandonar nuestros preconceptos tan arraigados en nuestra estructura de pensamiento. ¿Cuál es el problema de que un bebé esté en brazos de su madre "más de lo debido"? ¿Qué es "lo debido"? Y por otra parte, ¿a quién le importa? Es increíble lo necios que podemos ser los seres humanos, tapándonos los ojos, los oídos y hasta el olfato ante la evidencia del contacto con la totalidad de nuestro ser.

Durante el puerperio nos sentimos como si fuéramos de otro planeta, o de otro tiempo, ya que no logramos vivir en el aquí y ahora como lo hemos hecho siempre. Los detalles prácticos nos superan y la confusión sobre temas banales nos sorprende, ya que no podemos recordar situaciones que antes controlábamos con puntualidad y precisión. Estamos definitivamente fuera de foco y no nos animamos a sacar provecho de ese "desorden" emocional. En realidad, no se nos ocurre cómo aprovecharlo.

Apunto a que no nos conformemos con un conocimiento superficial de nosotras mismas y de los demás, ya que no nos permite evolucionar. Ésta es la oportunidad para ir más a fondo y entrar en contacto con el alma, alentando el viaje interior para descubrir todo nuestro potencial aún no desplegado. Sería una pena dejar partir el puerperio sin intentarlo.

Las sensaciones de unión con el cosmos

El nacimiento de un bebé y la **permanencia fusionada de la madre** con el cuerpo y la energía que emana de este niño, convierten este período en una experiencia humana sumamente crítica. Al sintonizarnos con el bebé para poder amamantarlo, interpretarlo y fundirnos en su ritmo biológico, desarrollamos capacidades de sintonizarnos posiblemente con muchas más "entidades". No me refiero a nada estrambótico, sino a las energías de otras personas y de otros seres vivos. Nos convertimos en un manantial de agua cristalina que refleja las sutilezas de nuestra vida interior y, extrañamente, también de la vida interior de los demás.

Así las cosas, la "unión" que experimentamos es inédita. Conectadas con todas las cosas vivientes en el plano del alma, el sentimiento de unicidad es real y tangible en este período, aunque no lo podamos definir ni explicar. Nos sentimos parte de toda la existencia, mientras fundimos nuestra conciencia con el Todo. Sorprendentemente actuamos con desinteresada compasión hacia los demás y necesitamos con desesperación que los demás actúen con nosotras con fina atención y susurrante acercamiento lleno de amor y ternura. Es indispensable que seamos tratadas con delicadeza, ya que afloran las partes emocionalmente más sensibles. Si el entorno es hostil, difícil o desconcertante, fácilmente nos inundan las olas de nuestro interior más sombrío, agrandando nuestra confusión y desperdiciando este período de percepción clara y altruista.

Nos hemos vuelto delicadas al extremo, como la piel del bebé que se paspa con sólo rozarla. La sensibilidad es tal que percibimos hasta los más ocultos sentimientos, siempre y cuando permanezcamos conectadas con el bebé, especialmente cuando el niño duerme en nuestros brazos. Que el bebé esté a "upa" y que no nos permita ocuparnos de los menesteres de la vida cotidiana tiene varios propósitos. Principalmente confirma que nos resulta arduo acomodarnos al mundo material y que, de hacerlo, sería a costa de abandonar nuestras percepciones que se presentan a partir de la fusión con el bebé y con toda cosa viviente.

Pero lo más sorprendente son los cambios que estamos produciendo en nuestras percepciones, descubriendo hasta qué punto estamos abiertas y sensibles a las ocultas emociones de los demás, especialmente de todo aquello que no ha sido expresado abiertamente. Detectamos las sutiles corrientes submarinas de la gente. Desbordamos de empatía y de facilidad para ponernos en la piel de los demás y experimentar sus realidades internas. Podemos sentir exactamente lo que le pasa al otro como si nos sucediera a nosotras mismas. Podemos sentir el amor, pero no sólo el amor romántico que hemos inventado socialmente, sino el amor que revela la preocupación profunda por el bienestar de los demás. Experimentamos por dentro la fuerza unificadora, que disuelve las barreras que aíslan a las personas de su propio ser interior.

Quiero decir que la **fusión**, que es real y palpable en relación con el bebé, **opera también con todo lo que existe**. La fusión emocional nos abre las puertas para fundirnos en toda cosa viva y sentir que somos el otro o que somos lo otro, sin confines que delimiten el "yo" de los demás "ellos". La sensación de infinito y las percepciones cósmicas son tangibles. Es un período en el cual la presencia del **cuerpo** es innegable: es el cuerpo que nutre, que abraza y que da calor. Y, a su vez, paradójicamente no importa la materia, porque el alma traspasa todas las fronteras físicas. La conciencia hace un giro irreversible y se filtra silenciosamente en todo lugar inaccesible a los ojos.

¿Están pudiendo cerrar los ojos, con sus hijos en brazos y distinguir estas sensaciones? ¿Pueden recordar los sueños? ¿Reconocen la conexión directa con su inconsciente y con esas imágenes maravillosas? ¿Soportan esas otras imágenes nada placenteras que emergen desde las cuevas subterráneas de su psique? ¿Ésas que han intentado arduamente alejar de la superficie consciente?

Y a su vez, ¿se dan cuenta de que esos sueños no siempre son **propios**? ¿Reconocen que pueden percibir el propósito más profundo de los altibajos de la humanidad? ¿Que se convierten en un canal para que los ángeles y demonios del inconsciente colectivo utilicen sus estados emocionales y aparezcan con más claridad?

Llegadas a este punto, podemos dejarnos fluir sin resistencias y permitirnos el despliegue de todos nuestros sentimientos contradictorios. Incluso podemos sentirnos impulsadas a investigar los misterios más profundos del ser humano y a participar de los dos mundos simultáneamente: el material y el de las trascendentales olas de los asuntos eternos. La vida parece colapsar.

También podemos experimentar la quietud y la contemplación, cada vez que logramos calmar al niño sobre nuestros pechos y, sobre todo, si nos adormecemos después de una larga mamada. Es posible que nos perdamos entre las fantasías y ensoñaciones, ya que el alma desea regresar a una dimensión superior.

Lo único a tener en cuenta desde esa milimétrica porción de raciocinio, es que **es un momento de autopreservación muy deficiente**, ya que hemos dejado caer todas las barreras psicológicas. El ego queda totalmente desprotegido, por lo tanto quedamos muy vulnerables a la invasión externa y a toda energía negativa o con fines de manipulación emocional. Por eso es indispensable que otras personas protejan con valentía y decisión nuestro entorno. **Sin esta garantía es imposible fundirse en las aguas oceánicas de la fusión emocional.**

Por último, quiero destacar que cada puerperio vivido profundamente por cada mujer que ha dado a luz, puede convertirse en un servicio para la humanidad toda. Allí hemos experimentado que el tiempo y el espacio no existen, al menos no como los entendemos nosotros. Hemos ingresado en un mundo mágico y subjetivo, especialmente si estamos solas y en silencio. Hemos destilado la esencia de todas las experiencias de la Tierra y, luego, hemos devuelto esa experiencia al universo para el enriquecimiento colectivo, orientando nuestro amor al prójimo. En el futuro cercano, anhelaremos brindar a la gente las habilidades sanadoras necesarias para devolver a cada ser humano el respeto por sí mismo, de modo de alcanzar la paz emocional interior.

La vivencia de la fusión emocional con el niño y a través de él con el Todo, nos propone un desvío en el propósito que creíamos tener en nuestra vida terrestre. Ahora pretenderemos servir maduramente a alguna causa universal. Ése sería el próximo paso de toda madre que se haya encontrado consigo misma, avalada en un inicio por un pasaje de desintegración psicológica y luego por una reconstrucción interna cristalina y luminosa.

Desde la vivencia del bebé amparado

El bebé llega al mundo físico trayendo noticias del mundo sutil, pero, paradójicamente, las puede transmitir sólo en la medida en que sus necesidades inmediatas del mundo físico se cumplan con precisión.

Es un ser que proviene de la **sombra**, con total incapacidad para sobrevivir en el mundo de la luz, sin ser asistido **integralmente** respecto a toda necesidad física y emocional. Así que ese cuerpito, que ni siquiera puede sostener su cabeza, pero que como herramienta de supervivencia cuenta con una enorme potencia para succionar el pecho materno, hace exactamente eso: SUCCIONA. Luego, se va acostumbrando con dolor a los apabullantes ruidos y molestias de su enorme aparato digestivo, que colman la mayoría de sus sensaciones físicas.

El bienestar o el malestar hacen toda la diferencia en este tiempo mágico de todo ser humano. Me atrevo a afirmar que éste es el momento en que se divide la humanidad: entre quienes han recibido resguardo, contención y contacto corporal... y quienes no.

Los bebés, mientras permanecen en el útero materno, oyen los latidos del corazón de su madre, su voz, las voces de otras personas, los ruidos del entorno. Oyen los ruidos del cuerpo materno digiriendo la comida, riendo, hablando, cantando, respirando y se van adaptando, de un modo similar a como lo han hecho nuestros antepasados durante millones de años. En el momento de nacer, además del impactante pasaje hacia la respiración a través de los pulmones que se llenan de aire, el bebé pasa también de un ambiente húmedo a uno seco, experimenta un descenso de la temperatura en el entorno y, además, los sonidos ya no están amortiguados. Para colmo, sufre un cambio radical en su postura: ya no está cabeza abajo, sino que estará acostado o con la cabeza más alta que el resto de su cuerpo. Pero en **buenas condiciones**, el bebé puede soportar e integrar estas nuevas sensaciones con serenidad y placer.

En este período, el bebé es **más sensible que consciente**. En realidad, el bebé **es consciente de su estado de bienestar**. Si el bebé encuentra refugio y el cuerpo de su madre permanentemente disponible, el paso del tiempo no será una desventaja, como no lo era en la época intrauterina, ya que simplemente **se siente bien**. El bebé puede vivir en el "eterno ahora", pegado al cuerpo de su madre, en un estado de beatitud.

El nacimiento no puede considerarse un acontecimiento de "terminación" del bebé. Es apenas un pasaje, que habilita nuevas condiciones para continuar con el desarrollo evolutivo. El bebé llega al mundo con la placentera experiencia de haber colmado sus expectativas dentro del útero y tendrá la certeza de que sus nuevas expectativas también serán satisfechas. Y si, efectivamente, el cuerpo de su madre se encuentra allí con sus cálidos brazos, el bebé estará preparado para adquirir, a través de estas nuevas sensaciones del ambiente aéreo, las experiencias del mundo extrauterino. El período inmediato después del nacimiento es la etapa que más impresiona en la constitución del ser humano. Aquello con lo que se encuentre será lo que luego sentirá que es la naturaleza de la vida. Al abandonar la más completa hospitalidad que ofrece el útero materno, necesita llegar a un solo lugar:

los brazos de su madre. Durante millones de años los bebés recién nacidos han mantenido un estrechísimo contacto corporal con sus madres. Y aunque en los últimos siglos los bebés están siendo privados de esta invalorable experiencia, cada nuevo bebé que nace espera encontrarse en ese mismo lugar.

El bebé que se reconforta sencillamente en el cuerpo de su madre o de otro ser humano que lo ampara, que le ofrece un ritmo cardíaco donde escucharse lleno de leche y de música celestial, continúa en armonía y no pierde el contacto con su más allá interior. Continúa en su propio paraíso, mientras, dulcemente, se va arraigando a su cuerpo físico. Entonces todo coincide: las sensaciones físicas con la sabiduría interior.

Por otra parte, va adquiriendo lentamente conocimiento del tiempo y el espacio, tal como lo percibimos en nuestro mundo concreto. Y si este proceso va sucediendo paulatinamente y **sin dolor**, el acomodamiento es más sencillo. Es verdad que todas las sensaciones corporales son novedosamente agobiantes, por eso, si va encontrando placer en cada momento de contacto y caricias, y goce en el perfume de la piel de mamá, puede incorporar las sensaciones físicas dentro de su delicado mundo etéreo.

De esta manera se sumerge en su mundo de leche tibia, mientras el cuerpo entero transpira extasiado. Encuentra confort en la unión con su madre y se sabe protegido del mundo concreto que aún queda muy lejos y no le importa en absoluto. Crece vertiginosamente, se redondea, suaviza su piel, sus ojos se tornan brillantes y espía lo que acontece más allá de los pechos de su madre. Descubre otras sonrisas, otros brazos, otras energías que lo sostienen y lo miman.

Así, deleitado por la experiencia del contacto corporal, va trayendo noticias de los mundos sutiles, informando a todo aquel que esté dispuesto a escuchar. La sabiduría de su ser interior se acomoda gozosamente y comparte todo conocimiento adquirido, integrando su cuerpo sutil y su cuerpo físico. Se desarrolla en armonía y la vida se despliega dulcemente a través de los días.

Es verdad que no basta con acunarlo y sostenerlo físicamente. Sabemos que el niño nace dentro de la fusión emocional con su madre y trae toda la información de su **sombra**. Es decir, de lo que la madre no conoce de sí misma. Y lo va a manifestar a través de señales de bebé, generalmente poco comprensibles para el lenguaje adulto. En realidad, las personas grandes no nos hemos dedicado mucho a aprender este lenguaje, con lo que le hemos restado importancia a uno de los idiomas más hablados del planeta. Así que sin un buen diccionario a mano, estaremos perdidos con un niño en casa.

Cuando lo que el niño trae es manifestación indescifrable de la sombra de su madre, es posible que el pecho no alcance, ni la paciencia ni la dedicación. Pero no significa que no lo siga necesitando. Sino que necesita algo más: **liberarse de la sombra de la madre.**

Lo que consuela dulcemente al niño son las **palabras** llenas de sentido que la madre pronuncia y que explican con claridad qué es lo que ha comprendido de sí misma a partir de sus mensajes. Entonces el confort es total, las palabras suenan finas y delicadas y se instala la seguridad interior.

El niño amparado y fusionado **sabe que obtendrá lo que necesita**. Ésa es su experiencia cotidiana, que se repite a cada instante y que conforma una rutina sin sobresaltos. La **seguridad interior** se establece y, posiblemente, ya no se mueva nunca más de las entrañas de ese ser.

Sentirse seguro, amado, tenido en cuenta, estable y con total confianza en sí mismo y en los demás... es, obviamente, el tesoro más preciado para el despliegue de su vida futura.

Desde la vivencia del bebé desamparado

Aunque el mundo concreto puede ser amable, no sé por qué los humanos adultos creemos que el bebé debe enterarse rápidamente de "cómo son las cosas aquí", suponiendo que todo lo que acontece "aquí" es duro, bélico y cruel. La mayoría de los bebés humanos –amados– no reciben incondicionalmente lo que piden, porque siempre hay un adulto cerca para **no estar de acuerdo** y para tener una opinión al respecto.

Generalmente, se trata de las mismas madres amorosas que entramos en contradicción con nuestros propios pensamientos. El asunto es **que no es un período para pensar. Es un período para entrar en fusión emocional.** No hay que buscar razones, ni elegir concienzudamente la mejor opción. No hay reglas a seguir ni consejos aplicables. En estos casos los niños quedan prisioneros de lógicas incomprensibles, alejados de los brazos de sus madres y solos.

No estamos dispuestos a hacerles caso a los bebés, que, unánimemente, explican una y otra vez a través de sus interminables y prístinos llantos, dónde está su lugar. El bebé que no está en contacto con el cuerpo de su madre experimenta un inhóspito universo vacío que lo va alejando del anhelo de bienestar que traía consigo desde el período en que vivía dentro del vientre amoroso de su madre. El bebé recién nacido no está preparado para un salto a la nada: a una cuna sin movimiento, sin olor, sin sonido, sin sensación de vida. Esta violenta separación de la díada causa más sufrimientos de lo que podemos imaginar y establece un sinsentido en el vínculo madre-niño. Cuando las expectativas naturales que traía el pequeño son traicionadas, aparece el desencanto, junto al miedo de ser nuevamente herido. Y después de muchas experiencias similares, brota algo tan doloroso para el alma como es la resignación.

Cuando ese ser tan pequeñito no se sienta valioso ni bienvenido, se convertirá necesariamente en un ser humano sin confianza, sin espontaneidad y sin arraigo emocional. Todos los bebés son valiosos, pero sólo pueden saberlo por el modo en que son tratados. En los países "desarrollados", las madres compramos libros con indicaciones sobre cómo atender a nuestros hijos, sobre cómo dejarlos llorar hasta que se duerman y cómo abandonarlos en el vacío emocional sin siquiera tocarlos. Las madres jóvenes desconfiamos de nuestra capacidad innata de criar a nuestros hijos, y desoímos los "motivos" que tienen los bebés para transmitir señales que son inconfundiblemente claras.

Parece que los bebés se han constituido en enemigos que las madres debemos vencer. La idea básica alrededor de esta moda estima que satisfacer las necesidades de un bebé lo convierte en "malcriado", aunque, paradójicamente, obtenemos una y otra vez el resultado opuesto al esperado. De hecho, los bebés siguen siendo "demandantes".

Es de noche y el niño no percibe ningún movimiento. Está solo en una cueva inmensa y oscura pidiendo auxilio. El "tiempo" aparece como un hecho doloroso y desgarrador si la madre no acude, a diferencia de las vivencias dentro del útero, donde toda necesidad era satisfecha instantáneamente. Ahora, **la espera duele**. Los monstruos se dejan ver y se multiplican descendiendo desde los techos forrados con estrellas de papel. El niño aúlla con más fuerza, cada vez más desesperado, porque siente que lo van a devorar. Y, efectivamente, lo devoran.

Desaparece. Se duerme y sueña un sueño donde anhela regresar a su paraíso perdido.

Al despertar, con la sensación de haber estado "perdido" un tiempo muy prolongado, finalmente encuentra confort en brazos de su madre. Pero ya no confía, está atento y se aferra con vigor a los pechos calientes. Los muerde, los lastima. Tiene miedo.

Poco después vuelve a sentir silencio, no hay ritmo ni movimiento alrededor, respira aire tan puro que se lastima las entrañas. Llora otra vez con desesperación. Y aparecen los monstruos aun más velozmente, y grita y retuerce su cuerpito logrando apenas moverse hasta un almohadón de plumas amarillo que lo contiene. El silencio ya es aterrador. Desaparece una vez más.

Y así, una y otra vez hasta que abandona. El miedo lo acompaña siempre, incluso en esos momentos en que está reconfortado. Porque sabe que el silencio volverá en cualquier momento a devorarlo. La desconfianza será su permanente compañía. Crece y se redondea, pero también sucumbe y se enferma. Se agota, se llena de líquidos extraños y su cuerpo se calienta tanto que durmiendo logra regresar en sueños a su paraíso perdido. Allí, entre las ensoñaciones y la presencia más frecuente de su madre, se recupera. Comprende que necesita a menudo "calentar" su cuerpo, para recibir la atención que necesita y para que los monstruos se desintegren.

Nunca más dejará de estar alerta. No cuenta con nadie y el mundo es hostil. Se prepara para la guerra eterna, ya que todo aquel que se acerca puede ser su enemigo. Primero dice "no" y luego averigua de qué se trata. Se desarrolla conociendo su fragilidad, y aprende a utilizar el enojo como arma principal para enfrentar a los demonios. El miedo lo envuelve todo. Aparecen las contradicciones entre sus recuerdos del mundo sutil y sus vivencias bien actuales y concretas. Anhela regresar mientras duerme, pero cada día radiante de sol confirma que quedó exiliado en un mundo lejano y que, seguramente, ésta es la única realidad. Entonces, se apega con fuerza a la realidad objetiva, la defiende, y desecha cualquier sensación que le acerque reminiscencias de su paraíso interior. La brecha con su yo interior es cada vez mayor, olvida su lenguaje secreto y se torna experto en lenguajes adultos.

Se convierte en un niño "brillante", acorde con las expectativas de padres y maestros, que afina su pensamiento lógico y destila razón por todos lados. Necesita "ganar" en lo que sea, de lo contrario su estima le produce sufrimientos muy profundos. Sabe que el mundo es una pelea eterna, y para sobrevivir debe luchar en cada terreno hasta hacerlo propio. Desarrolla la habilidad de llegar primero a todas partes y afina su inteligencia hasta deslumbrar al más despierto. Es rápido, punzante, hiriente y glotón. No permite que se descubra su ternura encubierta por sus palabras ingeniosas y su ácido humor. Finalmente, obtiene la admiración de su madre. Sabe que utilizando sus destrezas de niño inteligente, cada tanto se encuentra con mamá. No en sus brazos, pero sí en su cabeza.

Por las noches, incluso ya siendo una persona grande, continúan acechando los monstruos que se cuelan entre las cortinas del dormitorio. Por eso tiene preparados unos frascos con pastillas de colores que, al ingerirlas, ahuyentan estas desopilantes fantasías. Se convirtió en una persona seria. Y salvo a los desconocidos, a los animales domésticos, a los viajes, a la soledad, a las tormentas, al ruido, a la noche, a los lugares poco iluminados, a la velocidad y a las olas del mar... casi, casi no le tiene miedo a nada.

¿Y las madres que trabajamos?

Ésta es una pregunta que con frecuencia me formulan varones y mujeres cuando hablo de fusión emocional y de necesidades básicas del niño pequeño. Creemos comprender que la fusión emocional, el "maternaje" y la sintonía profunda entre la madre y el niño son un privilegio de las mujeres que tienen la posibilidad económica de no trabajar. Solemos afirmar que éstas son teorías para ricos.

Pues bien, creo que no es así en absoluto, y lo constato diariamente. **El "maternaje" depende fundamentalmente de la capacidad de contacto emocional que una mujer esté en condiciones de desplegar en el vínculo con el niño pequeño durante las horas que efectivamente esa mujer está en casa.** Si la comunicación, el amparo, la sincronicidad de tiempos y de emociones se plasman con facilidad en la relación, ese niño puede esperar a su madre durante las horas de ausencia. Asimismo, esa madre conectada dejará a su hijo en manos de alguien que perciba el clima sutil que envuelve a la díada, y que sea capaz de respetar el ritmo y la cadencia que los envuelve.

Esas horas de encuentro llenarán de gozo y de leche las necesidades de ambos; se fundirán en las sensaciones oníricas y dormirán abrazados sin desperdiciar un instante de intercambio y de ternura. Esa madre le regalará palabras suaves que expliquen dónde está cuando se ausenta y cuánto lo extraña cuando no están juntos. Y el niño confirmará cada día que su madre regresa llena de entusiasmo y le ofrece su cuerpo caliente para nutrirlo sin pausa. Un niño íntimamente amparado sabe que su madre está siempre cerca, que sólo tiene que esperar un rato. Que la madre luego lo compensará.

El problema no es trabajar. El único problema para el niño pequeño es **la distancia emocional y el miedo que la madre tiene de su propio despertar.** Todo lo demás son excusas. A veces el trabajo es una excelente coartada para no tener que confrontar con nuestros demonios internos, ni tener que acercarnos a nuestra realidad interior. El trabajo no lastima nuestra capacidad de fusionarnos con el bebé. Sólo nos obliga a ser más prolijas para lograr un buen rendimiento de las horas del día.

Cuando creemos enloquecer, cuando las imágenes de unión con el cosmos se presentan, cuando las percepciones se agudizan al punto de "escuchar" casi todo lo que sucede en este mundo, podemos decidir aferrarnos a ese lugar tan seguro que es nuestra oficina. Y no está mal si las mujeres tomamos esta decisión, que, probablemente, sea la mejor para muchas de nosotras. Pero queda claro que ésta también es una decisión: alejarnos del mundo sombrío y deleitarnos con la luz. **No es el trabajo el que determina nuestra cuota de fusión, sino que –por el contrario– es nuestra capacidad de fusión la que determina cómo, cuándo, cuánto y dónde elegimos trabajar.**

Capítulo 3

Ignorancia y manipulación en temas de maternidad

Pensar la maternidad según el propio criterio.
Cada día hay más partos prematuros.
Mitos y prejuicios en el embarazo y el parto.
Algo de historia sobre la ginecología y la obstetricia.
Las cesáreas abusivas. Parir en libertad.

Pensar la maternidad según el propio criterio

Con dos libros escritos al alcance de las mujeres y los varones deseosos de encontrarse consigo mismos... me sigue resultando llamativo que "lo común y corriente" sea tan común y corriente entre la mayoría de las madres jóvenes. En la cola del supermercado, en las plazas, en las confiterías o en cualquier reunión social, me acerco donde hay bebés (no lo puedo evitar, me atraen con una luz especial) y, tratando de ser amable, siempre hago alguna pregunta sencilla... e, invariablemente, recibo respuestas cargadas de prejuicios, ignorancia y una escandalosa ingenuidad. Casi sin excepción, las madres jóvenes acatan con exagerado respeto las indicaciones de los pediatras... sin preguntarse, al menos, si esas indicaciones les sientan bien, si tienen alguna lógica, si están en sintonía con su estilo de vida. En este punto me doy cuenta de que los "estilos de vida" de la mayoría de las personas son desmesuradamente "comunes y corrientes". Casi todos opinan lo mismo, repiten lo mismo, se identifican y encuentran seguridad en las pautas acordadas y sostenidas por el inconsciente colectivo.

Nos hacemos los distraídos cuando registramos nuestros "saberes" arcaicos, sexuales, olfativos e intuitivos y delegamos la responsabilidad del "saber" en los profesionales que representan los arquetipos de la sabiduría moderna, que hoy está totalmente ligada al conocimiento científico y relega a niveles mucho más bajos otro tipo de "saberes".

Hoy en día hemos permitido una enorme injerencia del conocimiento científico en los temas relacionados con la fertilidad, la concepción, los embarazos, los partos y la crianza de los niños. Cada vez más los ciclos vitales se bloquean, la capacidad de concebir ha disminuido considerablemente en Occidente y la infertilidad sin causas aparentes aumenta día a día. Lo sarcástico de la situación es que seguimos creyendo ciegamente sólo en las soluciones del mundo concreto y científico sin mirar más allá. Los seres humanos estamos enfermos de miopía emocional.

La medicina occidental, y su creencia básica de considerar al cuerpo humano como un organismo independiente de la psique, incluyó desde hace sólo doscientos años al embarazo y el parto como enfermedades a tratar. Lo que históricamente fue parte de los ciclos vitales de los seres humanos, se medicalizó al punto tal que hoy no podemos imaginar el embarazo y el parto sin contar con todos los avances de la medicina en materia científica. Consideramos que, *a priori*, estamos en riesgo.

El embarazo está pensado socialmente como una enfermedad. Apenas una mujer obtiene su test de embarazo positivo... pide una consulta con el médico de cabecera, que inmediatamente la enviará a hacerse estudios de todo tipo, con lo cual la mujer entrará en el circuito de asistir regularmente a institutos de análisis clínicos, esperas, resultados difíciles de interpretar y, sobre todo, se instala y se perpetúa la costumbre de visitar cada vez más asiduamente al médico. Normalmente, la posibilidad de que el embarazo sea totalmente saludable es muy alta, pero las intervenciones a lo largo del embarazo van interfiriendo innecesariamente en el desarrollo físico y emocional de la gestación.

El condicionamiento social y cultural nos hace recurrir a "médicos especialistas", de modo que la mayoría de las mujeres nos desconectamos cada vez más de nuestro saber intuitivo y nuestro poder innato sobre la transformación de nuestro cuerpo. A su vez, los "especialistas" se fían cada vez más de aparatos y análisis y están menos entrenados para hacer las preguntas adecuadas a las mujeres embarazadas. Por el contrario, **el motor de las decisiones suele**

ser el miedo. De este modo, todos perdemos indicadores valiosos que dan cuenta de la evolución del embarazo.

Que los partos se produzcan en las clínicas y hospitales trae consigo una contradicción insoslayable: para tratar todas las enfermedades y accidentes se requiere que los médicos y paramédicos **"hagan algo, y rápido"**. En cambio, para asistir a una parturienta, lo ideal es **"no hacer casi nada y esperar"**.

Esta exigencia de "hacer algo" para lograr un resultado, atiborra el tiempo que tiene que transcurrir con infinidad de maniobras, indicaciones, tactos, análisis, monitoreos y ecografías que agregan ansiedad y pocas veces aportan –a un profesional experimentado– más información de la que puede obtener con más calma y menos apuro.

En todos los países industrializados, desde que existe el monitoreo fetal como técnica rutinaria, el número de cesáreas ha crecido indiscriminadamente. Sólo el estrés que produce el impacto de escuchar los latidos del bebé en un volumen distorsionado, el hecho de que la mujer tenga que colocarse en la posición que mejora el sonido del monitoreo en lugar de buscar las posiciones más cómodas para el proceso de trabajo de parto y **la interpretación subjetiva** del profesional sobre los resultados de dicho monitoreo... avalan intervenciones médicas que precipitan los acontecimientos.

La costumbre de internar precozmente a la mujer embarazada en una institución médica permite que las maniobras e intervenciones aumenten considerablemente, ya que hay que justificar con actos médicos la permanencia de la mujer en el hospital o la clínica.

Por lo tanto, constantemente hay "algo para hacer", y las enfermeras comenzarán recibiendo a la mujer con el primer "pinchazo", por donde se introduce occitocina sintética. Que produce contracciones. Justamente hay que producirlas porque en la inmensa mayoría de los casos, las mujeres **son internadas cuando aún no han comenzado el trabajo de parto**. Y entre la fecha probable de parto y el desencadenamiento real de un parto puede haber una gran diferencia. Algo así como un mes de diferencia.

Producir artificialmente el parto traerá, casi inevitablemente, consecuencias inmediatas. La más común es que el dolor sea más intenso de lo que la madre puede tolerar (a diferencia de las contracciones producidas naturalmente por el organismo, que son más suaves, más lentas y se prolongan más en el tiempo). El dolor insoportable obligará a la mujer a pedir anestesia. Hoy en día contamos con la maravillosa anestesia peridural, que "duerme" las sensaciones del cuerpo desde la cintura hacia abajo, pero nos permite estar "despiertas" mentalmente. Es una herramienta extraordinaria, pero se usa indiscriminadamente, y no es totalmente inocua. Con la anestesia peridural dejamos de ser partícipes del parto, ya que no sólo dejamos de sentir dolor, sino que "ya no sentimos nada".

La cesárea es, frecuentemente, **consecuencia directa** de la introducción de occitocina sintética. ¿Por qué? Porque las contracciones son más fuertes y continuadas de lo que hubieran sido naturalmente, entonces el bebé también las sufre. Necesita aumentar la frecuencia cardíaca para soportarlas, y luego tiene una "baja" de los latidos, que los médicos controlan atentamente a través de los monitoreos. Apenas el "sufrimiento fetal" se instala, la indicación de cesárea es obligatoria.

Cada vez que conozcamos a una mujer que ha tenido una cesárea –y conocemos a diestra y siniestra– vale la pena preguntarle específicamente cómo comenzó con el trabajo de parto. Nos sorprenderemos al hacer dos o tres preguntas en este sentido. Es raro que las mujeres tengan registro de que sus cesáreas, en la gran mayoría de los casos, han sido "fabricadas" por la intervención prematura e innecesaria.

Aquí la palabra clave es el **tiempo**. Y el valor distorsionado que le hemos otorgado. Porque la manera de concebir culturalmente el parto está pautado por el hecho de que no podemos "perder tiempo" o de que cuanto más rápido, mejor. Y el parto es una demostración más de que los individuos necesitamos comprender la dinámica del tiempo, sin confrontarlo ni manipularlo, porque lo único que logramos es quedar "fuera de nuestro tiempo" interno. Sólo cuando comprendamos, tanto los individuos como la comunidad toda, que el parto sucederá cuando tenga que suceder, las intervenciones innecesarias caerán en desuso. Y comprenderemos también que no es el terreno adecuado para conquistar el **control** ficticio sobre los ciclos vitales.

Cada día hay más partos prematuros

Justamente, en el intento de **controlar** el proceso natural del embarazo y el parto, nos olvidamos del **tiempo interno** de cada mujer, que sigue siendo misterioso. Y mucho más enigmático es el tiempo de cada niño en el vientre de su madre. Pero tan grandes son nuestra ignorancia y nuestra soberbia, que creemos que podemos decidir a nuestro antojo cuánto tiempo durará cada embarazo y qué día es el conveniente para producir el nacimiento.

¿Qué nos pasa? ¿Por qué, como sociedad, no toleramos que los bebés al menos permanezcan tranquilos los únicos nueve meses de sus vidas que pueden disponer de paz interior? El aumento de partos prematuros es alarmante. Las mujeres no toleran el último mes de embarazo (que no es nada cómodo de sobrellevar, por cierto, si nuestra identidad femenina está totalmente emplazada en la vida concreta, masculina y exitosa, y si el vientre abultado **nos impide hacer** todo lo que teníamos planeado) y como la presión social es muy grande, las mujeres creemos que cuanto antes nazca el niño, mejor será.

Todos sabemos que la fecha probable de parto (FPP) abarca el período comprendido desde quince días antes hasta quince días **después** de la semana cuarenta. Pero en la semana treinta y ocho los profesionales asistentes entran en pánico, avalados por la mujer embarazada que desea ansiosamente atravesar el parto, superar la angustia y terminar con el asunto.

Supuestamente para "prevenir complicaciones", los obstetras desencadenan el parto. Es verdad que el bebé ya está maduro para sobrevivir a las treinta y ocho semanas... pero, frecuentemente, no sabemos con total certeza qué semana de embarazo es... y nacen bebés más prematuros de lo que pensábamos. Desencadenar el parto es muy sencillo: basta con hacer un tacto y deslizar en el fondo de la vagina una pastillita de prostaglandina. Lo curioso es que raramente el médico obstetra explica a la mujer embarazada que ha introducido un desencadenante veloz del parto. A lo sumo le dice que "ya está lista" y que "probablemente en unas horas comience el parto". Con lo cual la mujer sale maravillada por el conocimiento del profesional, ya que aún no siente nada... y, sin embargo, efectivamente, tal como predijo el médico, en pocas horas sus contracciones comienzan con fuerza.

Las internaciones precoces (sin inicio de trabajo de parto, pero teóricamente en fecha) también son recomendadas para desencadenar el parto con facilidad. Toda mujer que ingresa en una institución médica, queda supeditada a las reglas de la institución o del médico que la asiste. En la gran mayoría de los casos, esto se traduce en introducción de occitocina sintética, más conocida como "el suerito". La occitocina produce artificialmente contracciones más fuertes, dolorosas y continuadas que las contracciones naturales. Esto frecuentemente produce sufrimiento fetal en el bebé, y terminamos puntualmente con una buena cesárea. Luego, nos encontramos con un bebé prematuro, que necesitará cuidados especiales de diversa envergadura.

Personalmente, lo que más me preocupa de estas prácticas –tan habituales que no parecen sorprender a nadie– es que el bebé llega al mundo e inmediatamente necesita ser **separado de su mamá**. Además, entra automáticamente en una dinámica de circuito médico donde va a pasar mucho tiempo sin que podamos considerarlo "sano". Las complicaciones posibles son, obviamente, mucho más corrientes que en los casos de bebés nacidos **realmente** en término. Se entorpece la lactancia –aun cuando el servicio de neonatología sea amable con las madres– ya que el estrés y la preocupación de la madre obstaculizan la fluidez de la leche.

Invito a que nos asomemos a cualquier servicio de terapia neonatal en cualquier institución. Especialmente las privadas. Nos sorprenderemos de la elevada cantidad de niños prematuros que las colman.

Las razones son tan diversas que no vale la pena enunciarlas. Obviamente, las terapias neonatales salvan vidas y miles de niños tienen una vida saludable gracias a los cuidados recibidos en ellas. Pero no es ésta la cuestión. La reflexión que necesitamos hacer es con referencia a las intervenciones innecesarias causantes de partos prematuros, con bebés luego insuficientemente maduros para vivir en brazos de sus madres por sus propios medios.

Por otra parte, cuanto más pequeño es el bebé, más necesita el cuidado y la protección del cuerpo materno. Pero, paradójicamente, será especialmente separado de su mamá y sometido a innumerables controles y análisis.

Producir partos prematuros trae una infinidad de consecuencias, que alejarán a la madre del contacto espiritual consigo misma y con el bebé, ya que toda la energía estará depositada en la evolución física y en el dictamen de los médicos. Se perderá intimidad entre la madre y el recién nacido, y también en relación con el padre, otros hermanos y personas allegadas afectivamente a la díada. Uno, dos o tres días, una semana o un mes internados en las terapias neonatales –sobre todo cuando esto se podría haber evitado– genera un debilitamiento emocional en la madre con consecuencias nefastas para el ingreso del niño al mundo vincular.

No describiremos aquí las dificultades que se generan en el inicio de la lactancia. Es verdad que hay instituciones que hoy en día están incorporando puericultoras que informan y ayudan a las madres a amamantar, y esto es bienvenido. Pero la angustia, la soledad, la desilusión y la falta de contacto con el niño obligan a la madre a estar menos en contacto consigo misma, y mucho más pendiente de los partes médicos; y esto se traduce en menor flujo de leche.

Durante la internación de los bebés, sucede otro fenómeno que se va instalando en la organización psíquica de toda madre: la dependencia emocional de la madre del personal médico. Lo que el médico hace, decide o anuncia se convierte en alimento diario. Y, desde allí, aumenta la infantilización de la madre, donde cada vez sabe menos qué le pasa, qué desea, qué siente y qué elige. La madre se queda sin voz y apunta toda la energía a ese pequeño cuerpo físico que debe sanar.

Esto es más visible en el caso de mujeres muy expertas y decididas en el mundo laboral, maduras al momento de tomar decisiones e identificadas con su profesión o la actividad que realizan en el ámbito social. La manipulación durante la última fase del embarazo y el parto, y las consecuencias que "se les van de las manos" con un bebé internado, las dejan en una situación de fragilidad emocional desde donde pueden ser doblemente manipuladas. Luego, así retomarán el vínculo y la crianza del niño: infantilizadas, perdidas y con muy poca confianza en sí mismas.

Quiero decir que las internaciones innecesarias (o como consecuencia de prácticas médicas prescindibles) desencadenan resultados nefastos, mucho más allá del sufrimiento puntual del bebé mientras permanece bajo cuidados médicos. Pero de esto no se habla.

Mitos y prejuicios en el embarazo y el parto

Son tantos los prejuicios que circulan entre los médicos poco experimentados y, por ende, entre la población en general, que casi cualquier situación algo divergente de lo considerado "estándar", nos altera y nos predispone a intervenir para subsanar cualquier imprevisto posterior.

Tal es el caso de las mujeres mayores de treinta y cinco años, consideradas erróneamente como poseedoras de mayores riesgos de complicación en el parto que las veinteañeras. Esta percepción de mayor riesgo no es cierta y depende de la salud de cada mujer. La expresión muy utilizada en el ambiente médico de "primigrávida **añosa**" me parece un insulto para mujeres que apenas han pasado los treinta y cinco años, incluso para aquellas que deciden tener su primer hijo después de los cuarenta o incluso más tarde.

Quienes cuentan con verdadera experiencia en estos casos (hay cada vez más mujeres maduras que atraviesan por su primer parto) saben que es mejor asistir a una mujer de cuarenta años que goza de excelente salud y que ha planeado su embarazo con alegría y conciencia, que atender a una jovencita que fuma dos paquetes de cigarrillos por día y bebe litros de gaseosas *light*. Los médicos suelen incluir en categorías de alto riesgo médico a mujeres más grandes, sin otras razones más que la edad. Es nefasto que por esta sola razón se les practiquen más cesáreas para "salvar a este niño que nace de un embarazo extraordinario", en oposición a una jovencita cuyo éxito no importa, ya "que tiene tiempo de tener otros". Esto refleja la miopía del equipo asistente. De hecho, la edad en sí misma no condiciona absolutamente nada a la hora de parir. Al contrario, muchas parteras aseguran que al tener los tejidos más blandos –así como se ablandan por fuera se ablandan por dentro–, los trabajos de parto en mujeres de más de cuarenta años son más fáciles y de menor duración. Pero, para admitir esto, tendremos que trabajar sobre nuestros prejuicios culturales y observar la realidad tal cual es.

Obviamente, es un despropósito practicar cesáreas programadas de antemano sólo porque la parturienta tiene más edad que la descrita en los libros de obstetricia. Algunos médicos no lo admiten abiertamente y ni siquiera plantean su posición a la embarazada y a su pareja, pero, llegado el momento, tienen decidido practicar la cesárea de todas maneras.

Inversamente, hay otras ventajas de tener un bebé alrededor de los cuarenta años. Una de ellas es que a esa edad la mayoría de las mujeres se han establecido en el mundo exterior y pueden tomarse el tiempo necesario para disfrutar del bebé. Están dispuestas a abandonar ciertos beneficios del mundo profesional para revalorizar su vida con estas nuevas elecciones. Muchas han tenido tiempo y experiencia para trabajar su conexión profunda consigo mismas y muchas se sienten más a gusto consigo mismas a los cuarenta que a los veinte. En este sentido, estas mujeres corren menos riesgos y son más confiables para atravesar partos saludables.

Lo que llamamos "maternidad de riesgo" incluye situaciones efectivamente riesgosas en términos de salud para la madre y para el bebé. La confusión aparece cuando vienen mezcladas con prejuicios culturales. Uno de ellos es la edad, también lo es un parto "después de término". Insisto en que después de la semana cuarenta, no se puede aún considerar "pasado de término", ya que nos quedan aún quince días e incluso más para ir evaluando con verdadero conocimiento y **paciencia** la evolución del último tramo del embarazo.

Otro segmento de embarazos considerados de riesgo es el de aquellos que han necesitado algún tipo de fertilización asistida. Aunque dedicaré un capítulo especial para este fenómeno, una vez que el embarazo se ha instalado, si no es un embarazo gemelar, no hay más riesgo en principio, a menos que en el transcurso del embarazo se determine lo contrario. Al igual que en el caso de mujeres mayores, este niño "muy valioso y deseado" no debe correr ningún riesgo y la cesárea aparece como la solución perfecta.

¡Qué ignorantes que somos! ¡Creer que una cirugía mayor practicada usualmente es de menor riesgo que un parto natural, animal, biológico, y sin heridas!

Habría que abrir los vientres de los médicos varones que se especializan en esta área y luego obligarlos a ocuparse de los demás unas horas después de la cirugía. Seguramente aparecerían rápidamente nuevas "tendencias" en obstetricia.

Y nosotras, las mujeres, tendríamos que entrar en relación profunda con nuestro yo interior e identificar a qué le tenemos miedo en verdad. Entonces seremos capaces de asumir nuestra responsabilidad en el parir y decidiremos con conciencia y respeto las acciones hacia nosotras mismas y hacia el bebé por nacer. Necesitamos recuperar el

poder que hemos entregado para revitalizarlo de manera potente y buscar soluciones a largo plazo a favor de todas las mujeres.

De hecho, muchas mujeres se han organizado después de haber estado sometidas a maltratos crueles e innecesarios durante sus respectivos trabajos de parto y cumplen una hermosa labor e intentan modificar estas conductas rutinarias, haciendo tomar conciencia tanto a las futuras parturientas como a médicos y paramédicos, que el parir merece respeto, solidaridad y amor. A medida que todas sepamos que tenemos acceso a múltiples opciones para parir, tal vez otras mujeres no tengan que pasar por las mismas dolorosas circunstancias. En Buenos Aires hay una organización de "usuarias del parto" que trabaja y ofrece información muy valiosa y que ya ha logrado que se dicte una ley que permite a **todas** las parturientas en todo hospital público o privado, parir acompañadas por un ser querido. Todavía estamos peleando por derechos tan básicos que dan cuenta de la ignorancia colectiva y el desprecio que los seres humanos tenemos por el prójimo.

Algo de historia sobre la ginecología y la obstetricia

¿Cómo hemos llegado al nivel de masificación e "industrialización" de los partos modernos? Vale la pena echar un vistazo a la historia, para elevar el pensamiento y comprender lo que hemos construido, qué beneficios obtenemos, cuáles son los perjuicios y hacia dónde podemos dirigir nuestra atención en el futuro.

No contamos con conocimientos exactos de la Prehistoria, donde, aparentemente, el matriarcado ha dominado durante milenios (a partir del Paleolítico superior, desde 35.000 a 10.000 años antes de nuestra era). Las pinturas que han sobrevivido al paso del tiempo son casi exclusivamente de figuras femeninas, principalmente madres y embarazadas. La más conocida es la Venus de Willendorf (de hace 35.000 años). Recién a partir de hace unos 10.000 años aparecen las primeras escenas de caza, trabajo y guerra, y con ellas, las primeras representaciones masculinas. Cuanto más antiguos son los hallazgos, más comunes son los vientres abultados y los pechos sobredimensionados. Es evidente que se veneraba a las mujeres como donantes de vida.

Si a lo largo de 25.000 años, sólo se representaron formas femeninas, es posible que durante este prolongado período, los varones no debieron de jugar un papel importante, ya que no había claridad sobre qué función les correspondía en la generación de una nueva vida. El rol social debió de ser escaso, ya que, según los conocimientos de la época, no tenían nada que ofrecer, por lo tanto se encontraban en una posición inferior respecto a las importantes áreas de la mujer. Durante la Prehistoria, el matriarcado posiblemente fue determinante para la sociedad. Posiblemente, los hombres primitivos tuvieron que sufrir las consecuencias hasta mucho más tarde, durante la Edad de Piedra, cuando la caza pasó a un primer plano y la protección de la familia quedó en manos masculinas.

En los primeros tiempos de la historia de la humanidad, aparentemente los hombres se encontraban por debajo de las mujeres, que estaban más ligadas a los procesos cíclicos. Las investigaciones más recientes sugieren que cuando los seres humanos aún no dominaban el fuego, todas las mujeres tenían la menstruación al mismo tiempo, siguiendo el **ritmo de la Luna**, y dentro de ese ritmo vivían y se sentían en una sintonía que hoy en día nos resulta imposible imaginar. **El poder de las mujeres posiblemente haya sido enorme, mientras que los varones no disponían de ningún ritual natural que los vinculara.**

Mucho tiempo después, **la captura del fuego y su domesticación en las cuevas debió de suponer en la primitiva humanidad, el fin del poder matriarcal.** Cuando los seres humanos se convirtieron en "señores del fuego" –el elemento simbólico más masculino-, comenzó el ascenso de los varones. Esto debió de suceder de un modo sencillo, ya que en cuanto las mujeres empezaron a vivir con "luz artificial", posiblemente fueron perdiendo la sintonía con el ritmo lunar y, de este modo, se fue rompiendo la conexión entre ellas. El descubrimiento de la "luz artificial" debió de significar la pérdida de la preponderancia femenina natural. Cuando las mujeres renunciaron –sin saberlo– a su regla natural, perdieron la armonía que las unía por encima de todas las barreras materiales, a favor de la comodidad adquirida.

Midiendo la totalidad de la historia de la humanidad, desde que se tiene conocimiento hasta hoy en día, el período del patriarcado aún es breve, por lo tanto desempeña en la profundidad del alma un papel menor que el desarrollado a lo largo de millones de años, hacia la vi-da y la supervivencia de la propia especie, del que irradia sobre todo lo demás. Por eso, el embarazo sigue representando la realización de lo femenino, aunque, obviamente, no es su única expresión.

No sabemos cómo se practicó la ginecología en la época matriarcal, pero es probable que las mujeres hayan dejado que el proceso del parto pase por sus cauces naturales y en armonía con los procesos cíclicos. Posiblemente les iba mucho mejor que a las mujeres de los tiempos civilizados posteriores. En la Europa Neolítica, en el Oriente Próximo, en África, en Asia, en América Central y en Sudamérica, así como en las civilizaciones de los sumerios, los babilonios y los asirios, las diosas matriarcales dominaban la vida; por lo tanto, el vínculo madre-hijo siempre ocupó un importantísimo lugar. Aparentemente, la medicina estaba en manos de las mujeres, sobre todo en relación con los nacimientos y las muertes y esa tendencia se ha mantenido hasta nuestro siglo.

Es interesante recalcar, a modo de ejemplo, que en ninguna tribu primitiva y en ningún tiempo anterior al nuestro, las mujeres eligieron una postura para el parto tan peligrosa como es la de yacer de espaldas. Dicha posición es símbolo de indefensión y de sometimiento. Esta posición fue impuesta por los varones cuando ingresaron a las salas de partos, hecho que prácticamente es una "novedad" histórica, iniciada excepcionalmente en el siglo XVIII, en Europa, y masificada hacia todo el mundo occidental desde principios del siglo XX.

Una larga prehistoria matriarcal parece contradecir nuestras actuales tradiciones. Pero es importante comprender que las religiones que dominan el mundo moderno como el cristianismo, el judaísmo y el islamismo, son históricamente muy posteriores y que surgieron cuando el patriarcado ya reinaba sobre la mayoría de las civilizaciones.

Ahora bien, algo ha sucedido en la evolución de la humanidad, para que el Polo Masculino luchara a ultranza para desterrar todo vestigio de Poder Femenino, que seguramente gobernó durante muchísimas generaciones. La gran firmeza con la que el mundo de los hombres ha reprimido hasta nuestros días la femineidad es un argumento que confirma el prolongado y antiguo matriarcado, ya que podría tratarse de una "compensación" pendular, según la Ley de Polaridad. Claro que tenemos que pensarlo a lo largo de muchos miles de años.

Ya instalados en el Polo Masculino, la época histórica que llevó a su máxima expresión el miedo a lo femenino tratando de desterrar y "demonizar" todo lo concerniente a la mujer, posiblemente haya sido la Edad Media. Las mujeres fueron, en ese período, sinónimo de lo diabólico, impuro, sombrío y peligroso, y se las perseguía prácticamente por el hecho de pertenecer al sexo femenino. Se cree que en ninguna otra época murieron tantas mujeres durante los partos ni tantos recién nacidos, como durante este período. Si las mujeres hubieran parido en las miserables condiciones como las que reinaban en la Edad Media durante mucho tiempo, posiblemente la humanidad no hubiese sobrevivido.

Durante la Edad Media, los varones incursionaron en la medicina, pero como el cristianismo consideraba impuro el vientre femenino y todo lo relacionado con el nacimiento, los hombres no se disputaron, en principio, el área de la obstetricia... con lo cual tardaron mucho tiempo en inmiscuirse en estos temas. De todas maneras, fueron tiempos difíciles para las curanderas que históricamente ayudaron a parir a sus semejantes. Sabemos que en épocas de la Inquisición, miles de mujeres fueron torturadas y quemadas en la hoguera, acusadas de brujerías, sencillamente porque tenían acceso a la sexualidad femenina, a los nacimientos, los abortos, las enfermedades y las muertes. Y eso sucedió mucho antes de que los ginecólogos varones tomaran cartas en el asunto. Aquí es necesario revisar el papel de la Iglesia, para comprender cómo las mujeres hemos ido perdiendo todo espacio de conocimiento y autonomía personal. En la Edad Media, los médicos varones apenas podían ofrecer sus supersticiones, en cambio las Mujeres Sabias al menos conocían las hierbas medicinales y heredaban los conocimientos de sus madres y abuelas. Es decir, que a pesar del oscurantismo, las mujeres trataron de arreglarse entre ellas, como pudieron.

Pensemos en la enorme influencia de las creencias medievales que perduran hasta nuestros días mucho más de lo que tenemos conciencia: el desprecio hacia lo femenino, los misterios de la maternidad, la sangre impura, el sometimiento, las violaciones –que son moneda corriente en todas las sociedades modernas–, el alejamiento de las mujeres de todo lo que represente participación social, los prejuicios arcaicos que sobreviven a la era de Internet, los cortes del clítoris en medio continente africano, los castigos atroces a mujeres musulmanas y los maltratos irracionales a toda parturienta en nuestras modernísimas ciudades occidentales, dan cuenta de que no estamos tan avanzados como creemos.

Con los conocimientos de los que hoy disponemos podemos confirmar que desde la Prehistoria, pasando por varias civilizaciones antiguas, la presencia de los varones en los partos ha sido casi nula. Los nacimientos se producían entre mujeres, en la parte central de la casa, posiblemente donde ardía el fuego, en cuclillas o de rodillas. A veces los nacimientos se producían en casa de la partera. Aunque en muchos casos ya estamos hablando de civilizaciones patriarcales, donde se han elaborado complejos rituales de "purificación" para eliminar la "contaminación" de las secuelas del parto. La ropa interior de la parturienta era generalmente quemada, para apaciguar a los demonios (masculinos), y se conocen muchísimos rituales de alejamiento de la parturienta del resto de la comunidad al devenir impura por haber parido.

Así llegamos a nuestros días, con una nueva "compensación pendular": deseosas de existir y de recuperar el poder femenino. Con el apoyo de la industrialización y la modernidad tecnológica, las mujeres entramos al mercado de trabajo a partir de los comienzos del siglo XX, con lo que accedimos a los beneficios de las conquistas sociales y económicas. Conseguimos ingresar en el mundo social, la educación, el trabajo, incluso la política. Nace la Mujer Moderna: libre, pensante y autónoma. Simultáneamente, terminamos de perder todo **contacto con los ritmos internos**.

Aunque desde la Antigüedad, y a través de muchas civilizaciones, las mujeres contaban con conocimientos sobre los partos, dentro de una relación con el "tiempo" superior a la nuestra, el siglo XXI nos encuentra totalmente fuera del vínculo con el "tiempo".

Hombres y mujeres despreciamos toda consideración hacia los ritmos naturales y estamos viviendo una gran equivocación, programando los nacimientos mediante administración de hormonas. De este modo, hoy en día una máquina determina el curso del parto en lugar del organismo materno. En medio de una búsqueda posmoderna, estamos tratando de redescubrir el poder del ritmo lunar, cuando los antiguos ya convivían de un modo sencillo con esta sabiduría.

Es verdad que no confiamos en parámetros de ningún tipo: no nos sirve lo que sabemos de las mujeres que han vivido hace algunas décadas y mucho menos confiamos en nuestras intuiciones y nuestros "saberes subjetivos". Sin embargo, la ciencia "objetiva" no es tan objetiva como pretende serlo. Por ejemplo, hace dos siglos, los médicos habían "demostrado" que la leche de un ama de cría era mejor para el recién nacido que la leche materna. En cambio, durante el siglo XIX, estaba probado que la leche de cabra era insustituible para el recién nacido. Ahora bien, durante el siglo XX, se consideró científicamente comprobado que la leche artificial era la mejor para los lactantes y hoy compartimos la opinión, también avalada por la ciencia, de que la leche de la propia madre es lo mejor para el niño. Cada época tiene su verdad, por lo tanto, deberíamos movernos con precaución entre las verdades dependientes del momento. Decir que algo está "científicamente comprobado" significa solamente que algunos estudiosos han mantenido e impuesto una opinión durante un cierto tiempo. Los mismos científicos asumen que el conocimiento de hoy es el error del mañana.

Como tantas otras, la historia de la ginecología moderna es una trama de prejuicios y errores, ya que se erigió sobre la base del desprecio del objeto de sus propias investigaciones, es decir, de las mujeres. Cuando los ginecólogos entraron en escena, hacía ya mucho tiempo que las curanderas habían dejado la medicina oficial, perseguidas y asesinadas. Por debajo de las apariencias, y a pesar del transcurso del tiempo, las Mujeres Sabias no se dejaron expulsar por completo y hoy están experimentando una feliz resurrección desde los movimientos de mujeres. Las Mujeres Sabias que curan con hierbas y con fuerzas mágicas inexplicables están muy enraizadas en el pensamiento colectivo y son cada vez más numerosas las personas que consideran un elogio ser una "bruja" moderna.

Analizando la historia, resulta pertinente afirmar que la ginecología y la obstetricia deberían regresar a manos femeninas. Porque en esta búsqueda a ciegas, al menos las mujeres somos capaces de compenetrarnos de un modo más sencillo y profundo con los problemas femeninos. A esta altura necesitamos volver a dar prioridad a lo humano y lo intuitivo, para que la percepción se sitúe delante de la acumulación de datos supuestamente científicos. Ya llevamos varias generaciones sufriendo escandalosas prácticas cargadas de prejuicios y de incomprensión, en las que el cuerpo de las mujeres se convierte en el campo de batalla elegido para librar históricas guerras de poder entre hombres y mujeres.

Nuestros cuerpos son campos de experiencia para las vivencias femeninas más arcaicas y, como tales, pueden ayudarnos a recuperar nuestros ritmos internos, perdidos durante los últimos siglos de supremacía masculina. Acompasar nuestros relojes puede convertirse en el desafío más urgente para la humanidad toda. Y cada mujer contemporánea es responsable del curso que tome la apropiación de nuestra sabiduría ancestral.

Las cesáreas abusivas

Es evidente que la ginecología y la obstetricia moderna están atravesadas por la necesidad de recuperar la autoafirmación por parte de los varones. Como hemos visto, funciona una "compensación pendular" asumida por los "hombres científicos" que valoran especialmente el trabajo "objetivo". Hoy constatamos que, desde esa perspectiva, la historia de la ginecología ha sido bastante penosa. Desde los inicios de las civilizaciones patriarcales, la irracionalidad con la que se presentaban pruebas de la inferioridad femenina, ha influido en la medicina de la mujer hasta nuestros días, aunque nos consideremos a nosotras mismas posmodernas y feministas.

Desde que la ginecología se convirtió en una rama de la medicina y, como tal, pasó a manos masculinas, las intervenciones punzantes, hirientes, de ablación y castración de órganos femeninos ha ido en aumento de manera vertiginosa.

Por ejemplo, apenas los ovarios fueron descubiertos como órganos maravillosos donantes de vida, las operaciones ginecológicas más frecuentes empezaron a ser las de **extirpación de ovarios**, hecho que aún se perpetúa en nuestros días. Luego apareció la cruzada irracional **contra los úteros** de las mujeres de más de cuarenta años. Esta tendencia no cedió hasta que apareció la sustitución hormonal antes del climaterio, que hoy es tratamiento obligado, como una moda impuesta que pasará apenas aparezca otro tratamiento más rentable. También estamos terminando un período de infinitas **ablaciones de pechos**. Los argumentos médicos que hasta hace poco tiempo defendían la extirpación de úteros, ovarios y pechos, hoy resultan obsoletos. Pero tenemos un tendal de mujeres amputadas.

¿Por qué comparo la ablación de órganos con las cesáreas? Porque en todos los casos los varones cortan, abren, hieren, mutilan, atraviesan y cosen con el filo de sus armas, sin lograr extirpar el misterio del cuerpo femenino.

En la Edad Media se huía de la cesárea practicada sobre una mujer viva, porque se creía que del vientre abierto se escurría el diablo. Hoy se cometen impresionantes excesos, especialmente en las clínicas privadas, donde más de la mitad de las mujeres somos sometidas a esta intervención generalmente innecesaria. En muchos casos somos las propias mujeres las que solicitamos las cesáreas, supuestamente por temor al dolor del parto.

Es posible que en nuestros días sigamos respondiendo de una manera más tecnológica al arquetipo de la Madre María, que se convirtió en madre sin que participara la parte inferior del cuerpo. De hecho, con la cesárea, los genitales quedan fuera del juego. Esto es así desde los tiempos patriarcales, pero no ha sido siempre así. Las mujeres pedimos las cesáreas, creyendo que así nos salvamos de los dolores de parto, aunque estamos dispuestas a tolerar el sufrimiento de los dolores de la intervención quirúrgica, que se perpetúan en el tiempo, al igual que sus frecuentes complicaciones. En parte, también deseamos dejar "todo intacto allí abajo". Las mujeres somos parte de estas creencias tan arraigadas, y deseamos que nuestros genitales permanezcan disponibles y "vírgenes" para el varón. Es llamativo que en culturas no tan sometidas a la influencia del arquetipo de María, las cesáreas no estén tan de moda.

La cesárea y las anestesias nos preservan de vivencias extremas y regresivas, nos privan del dolor, pero también nos quitan la fuerza que conlleva. Entonces delegamos esa potencia en los médicos que reemplazan esa fuerza arrolladora con herramientas tales como el bisturí y las pinzas, y producen lesiones que no registramos en primera instancia.

El vertiginoso aumento de las cesáreas trae consigo un futuro desconcertante: los médicos jóvenes aprenden en sus residencias hospitalarias las técnicas para practicar cesáreas, pero cada vez tienen menos oportunidades para aprender a asistir partos... ¡porque sencillamente hay cada vez menos partos vaginales! Por otra parte, en el transcurso de los pocos partos que logran participar, aprovechan para hacer todas las maniobras posibles con el objetivo de adquirir experiencia. Insisto en que la cesárea es una excelente ocasión para desarrollar toda la potencia, impulso, deseo, fuerza e intrusión masculina, donde los varones –o las mujeres identificadas con la penetración masculina– se sienten muy cómodos.

No podemos seguir engañándonos, aduciendo dificultades en el proceso de todos los partos, para justificar la modalidad de parir en la sociedad postindustrial. Las mujeres tendremos que pensarnos en términos históricos, sociológicos, filosóficos o económicos, pero de ninguna manera creer que hemos perdido nuestra capacidad de parir naturalmente, como mamíferos que somos. La masificación de la práctica de cesáreas no tiene nada que ver con las justificaciones seudomédicas con las que nos venimos conformando infantilmente.

Por eso creo que es imperativo que los partos vuelvan a ser atendidos por Mujeres Sabias, como ha sucedido a lo largo de toda la historia de la humanidad, fuera del alcance de las herramientas filosas de los médicos. Esto es posible sólo si decidimos madurar y confrontar con nuestros deseos y con nuestra potencia primitiva, corriendo el riesgo de reencontrarnos con la diosa que mora en cada una de nosotras, con sus lados luminosos y oscuros, experimentando, naciendo y muriendo cada día.

Parir en libertad

Un parto natural es lo contrapuesto a todo lo que huele a "control". Al controlar todo el proceso, creemos ilusoriamente que podemos evitar el terror que nos producen las sensaciones corporales y el encuentro con nuestra propia animalidad. A mayor control intelectual, menor probabilidad de rendirse al proceso del cuerpo. La naturaleza primitiva de un parto natural permite que afloren todas las vivencias tal cual son, ya que se abandona toda simulación de cortesía socialmente correcta. Es como hacer el amor cuando estamos muy enamorados: no hay modales, ni gracia ni buena educación. Sólo hay expresión de sentimientos y sensaciones arcaicas, incomprensibles y fantásticas. Nadie hace lo correcto, sino que nos sumergimos en un mar de sensaciones cósmicas.

Creo que si una mujer está dispuesta a conocerse a sí misma, atravesar un parto puede ser una gran oportunidad. Muchas mujeres que han vivenciado partos respetados, suelen comentar que "no eran ellas mismas, estaban como poseídas". Yo suelo responderles que **sí** eran ellas mismas, eran una parte de sí mismas que desconocían, que las habita y las constituye. Tuvieron la ocasión de conocer una porción más de su propio ser. Asimismo, tener la posibilidad de **acompañar** a una mujer en un parto natural y respetado, también nos abre puertas a los misterios del propio yo desconocido.

Durante siglos las parteras asistieron a las madres durante el embarazo y el proceso del parto, proporcionándoles amparo y ayuda emocional. La palabra "obstetricia", deriva del latín: *stare*, que significa "estar al lado". El cuerpo de la mujer sabe parir instintivamente y reacciona adoptando posiciones que la animan a moverse como le conviene y a emitir los sonidos que le favorecen el trabajo. La obstetricia tal como la entendemos hoy en día, ha abandonado ese "estar al lado" natural y paciente y se volvió una práctica dominante, invasora, peligrosa y autoritaria.

En las sociedades "primitivas" –de quienes conservamos todavía algunos parámetros de la memoria filogenética de la humanidad– se suelen espaciar los nacimientos entre dos y cuatro años a través de la lactancia prolongada, que mantiene elevados los niveles de prolactina y actúa como anticonceptivo natural. En esas sociedades se apoya activamente a la mujer embarazada y a la mujer puérpera, ya que el nacimiento de un niño es un acontecimiento festejado por toda la comunidad. Hay mucho para aprender de la sabiduría de los pueblos indígenas centrados en la naturaleza. Luego podemos ver si hay algo valioso de la tecnología occidental que valga la pena incorporar.

Parir no es un trabajo lineal, sino que –incluso sin intervenciones innecesarias y con un apoyo adecuado– expresa la realidad emocional de la mujer. Cuando digo "realidad emocional" me refiero, sobre todo, a la realidad **sombría**, que como su nombre lo indica, **es invisible para la conciencia**. Por eso es indispensable que durante todo el trabajo de parto haya personas intuitivas y sensibles que puedan detectar, preguntar y ayudar a la parturienta a decodificar los acontecimientos sombríos que se dan cita en la sala de partos.

Por eso, el buen trato es apenas la primera condición que requiere el acompañamiento de este proceso. Es vergonzoso que cada vez que hablamos de partos respetados, pareciera que estamos entrando en un terreno de transgresión y excepción. Porque el respeto y la solidaridad deberían ser situaciones normales. Y en ese contexto, podríamos perfeccionar las capacidades de los profesionales asistentes, que deberían prepararse para presentir, comprender, olfatear y desentrañar lo que aflora desde la oscuridad de la conciencia de la mujer en trabajo de parto.

Es una oportunidad única que dura apenas algunas horas y que trae consigo imágenes nítidas de nuestro mundo interior en contacto con la muerte espiritual. El renacimiento posterior dependerá de la calidad de ese encuentro. La sombra en su conjunto se da cita en el transcurso del parto. No aprovecharla sería tan necio como encerrarse entre cuatro paredes durante unas vacaciones en el Caribe ¡a cambio de la agradable temperatura del aire acondicionado!

Por otra parte, para que la sombra pueda emerger durante el trabajo de parto, el amor es condición excluyente. Tiene que haber personas que amen de verdad a la mujer en trabajo de parto. Porque la entrega emocional que se requiere es inmensa.

A propósito, aunque ahora está muy de moda que los varones "estén presentes" en la sala de partos –y para muchas parejas esto representa una experiencia abrumadoramente positiva–, me permito proponer a cada mujer que evalúe con libertad qué grado de contención cree que puede obtener de su pareja. Y hago hincapié en esta delicada situación, porque muchas mujeres que normalmente se hacen cargo de las emociones masculinas, en el momento de mayor debilidad o inmersas en la locura del dolor de parto, piden ayuda al varón y éste se desborda en su propia impotencia. Y el trabajo de parto no es la ocasión adecuada para acordar el intercambio de sostenes emocionales durante las experiencias vitales.

Hay varones que no quieren perderse el parto "porque tienen derecho a presenciarlo, ya que se trata de su hijo". Estos son individuos que le dan prioridad a su propia necesidad. No es que no tengan razón. **El problema es que no se trata de tener razón, sino de estar al servicio del otro.** Hay otros varones que, desde la capacidad de amar a otro, ponen a disposición toda su espiritualidad y entregan el cuerpo y el alma para que la mujer haga uso, se recueste, se retuerza, transpire, llore y derrame una parte de su antiguo yo. Así se apacigua el dolor de parto: derrochando amor pleno y sin condiciones.

Sobre los varones que ingresan en las salas de parto hay ahora una moda muy instalada donde las mujeres se ven imposibilitadas de pensar con autonomía qué desean y qué necesitan. Conozco muchas mujeres que no quieren ofender a su pareja pidiéndole que acompañe desde afuera. Por lo general, se trata de parejas en las que la mujer es la sostenedora emocional y saben que tendrán que contener y calmarlos a ellos en situación de parto. Pero pocas se atreven a formular este pedido, que sería tan mal visto en nuestros días. Un varón que "asiste" a la sala de partos es considerado moderno y amante de su esposa. Pero no hay nada que "observar". Justamente, lo único que se necesitan son almas dispuestas a perder el propio yo y fundirse en el delirio del dolor y las regresiones a experiencias primarias o incluso prenatales de la parturienta.

Todo aquel que esté dispuesto a acompañar el trabajo de parto de una mujer, tiene que dejar su ego en el pasillo. Olvidarse de sí mismo y de sus prioridades, de sus gustos u opiniones. Sólo afinar el oído para devolver a la parturienta algún sentido sobre lo que aúlla entrecortadamente, asegurándole que está haciendo todo bien y que cada vez estamos más cerca del nacimiento. Tiene que estar listo para ofrecer el propio cuerpo, aunque termine lleno de moretones y hambriento. Tiene que olvidar los relojes y abandonar –al igual que la parturienta– los pensamientos racionales. Hemos quedado lejos de todos los lugares, pero estamos juntos. Entonces el parto es posible.

Si un varón acompaña, tiene que entrar en la órbita sutil. Y averiguar qué necesita la parturienta en verdad. Todo lo demás se torna super-fluo, ya que ninguna mujer debería parir en este mundo sin el amor expresado genuinamente por alguien que la ama de verdad.

Segunda Parte

Violencia

Capítulo 4

Carencia de maternaje y dinámicas violentas

Cuando hay lugar sólo para uno.
Expulsar al niño del territorio compartido.
Carencia de maternaje y
organización de dinámicas violentas.
Violencia hacia afuera (destruyo al otro).
Violencia pasiva (el otro me destruye).
Violencia hacia adentro (me autodestruyo-debilidad).
Adicciones (devorarlo todo).
La vivencia de voracidad desde el lugar de la madre.

Cuando hay lugar sólo para uno

La mayoría de las mujeres que solicitan asistencia dentro de mi institución, suelen comunicarse argumentando que se han sentido sumamente identificadas con la lectura de mis dos primeros libros: *La maternidad y el encuentro con la propia sombra* y *Puerperios y otras exploraciones del alma femenina*. Que al fin alguien escribe lo que ellas piensan, que les sirve para poder confrontar las opiniones de los demás, que se sienten fuertes para hacer valer su propia intuición y su propia manera de hacer las cosas en la crianza del bebé. Bien. Piden una consulta. Llegan al consultorio y a los pocos minutos se quejan del bebé, argumentando que "es muy demandante" y aunque ellas estaban dispuestas a acunarlo, sostenerlo, amamantarlo y tenerlo a "upa". casi sin excepción surge la clásica pregunta: "**¿El bebé se va a mal acostumbrar?**".

Al principio me sorprendía, ya que decían ser lectoras maravilladas de mis libros... por lo tanto, me resultaba extraño que hicieran preguntas tan básicas y tan respondidas en mis textos supuestamente leídos y admirados. Pero estas escenas se siguieron repitiendo y tuve que admitir que no se trataba de falta de atención en la lectura... sino de una mitología muy arraigada en los rincones más oscuros de la psique femenina. Algo sigue sonando desde esos refugios del pasado, en el "acomodamiento" a la maternidad. Y son varias las voces internas que avisan que "las cosas no andan bien" y que algo importante nos inquieta.

Tuve que admitir que aunque las mujeres deseamos incorporar ideas inteligentes y rebelarnos contra las reglas establecidas, tenemos una sensación básica muy establecida en las entrañas que nos avisa que el **bebé nos va a dominar**. Y eso es peligroso. Si alguien está dispuesto a robar toda nuestra energía, entablaremos una lucha para no dejarnos expropiar, y defenderemos lo más preciado: nuestra manera de ser en el mundo.

Aunque parezca ridículo, las mujeres (y todos los individuos **que nos acompañan) entramos en guerra contra el bebé y sus misteriosos deseos propios independientes de los nuestros. Porque tenemos la fantasía de que si el deseo del bebé se pone de manifiesto, automáticamente irá en detrimento de nuestro propio deseo.**

Profundamente, sentimos que no podemos convivir con dos deseos simultáneamente.

Si un bebé llora y reclama presencia y brazos sostenedores, y hay una madre o persona maternante capaz de procurárselos, significa para el bebé que su deseo no entra en **confrontación** con el deseo del otro. La madre **puede** entrar en sintonía y responder al deseo del niño sin dejar de ser ella misma. En cambio, si la madre no puede responder (porque considera que no es adecuado, porque está cansada, porque cree que el niño se va a "mal acostumbrar" o por lo que sea –ya que, en definitiva, todas las excusas remiten a una sola realidad: la imposibilidad de convivir al mismo tiempo con el deseo propio y el deseo del otro–, el niño aprenderá que **hay lugar para un solo deseo**. O "gana" el deseo de la madre y el niño no satisface su necesidad, o "gana" la necesidad del niño y la madre siente odio y rechazo por ese niño que viene a robarle su dignidad.

Está claro que la guerra ya está declarada. Y que esta guerra entre adultos y niños la ganan en primera instancia los adultos, por la obvia condición de ser grandes.

Una vez establecida esta manera de vincularse, como en toda guerra, empezarán las estrategias para ganar territorio. El niño necesitará cada vez más desesperadamente satisfacer sus necesidades básicas y recurrirá a todo tipo de habilidades para sobrevivir física y emocionalmente. Posiblemente apele en primera instancia a su cuerpo, debilitándolo y manifestando variadas enfermedades.

La madre se ocupará de llevarlo al médico, cuidarlo, proporcionarle los medicamentos y, a su vez, se sentirá prisionera de las demandas que se acrecientan cuando un niño está enfermo. Ergo, cuando el niño "sane", la madre necesitará retomar su libertad y luchará para ganar un poco de espacio propio. La guerra por "el deseo personal" continuará con más fuerza. Cada vez que el niño demande algo que el adulto no comprenda o no tolere, el adulto contará con una artillería de opiniones psicológicas, filosóficas o médicas que avalarán que él, como adulto, tiene razón. Y que el niño tiene que aprender nuestras razones lógicas y sensatas.

Todo pedido que el niño manifiesta, de cualquier tipo, es inmenso si el adulto que lo materna **no tolera un deseo diferente del propio**. O bien si **no tolera la integración y la convivencia de dos deseos**.

Les cuento que estamos **hablando de violencia emocional**. Aunque el término nos parezca exagerado y creamos que la violencia sólo se ve en la televisión o se lee en las noticias policiales de los diarios, **la violencia, como fenómeno individual y colectivo, es sencillamente esto: la imposibilidad de que convivan dos deseos en un mismo campo emocional**.

Por eso, para comprender las dinámicas violentas, es útil observar si en el campo de intercambio emocional, **pueden convivir dos deseos**. Es decir, si mi deseo se introduce en un ámbito emocional y, para que eso ocurra, obligatoriamente, tengo que expulsar el deseo del otro... estamos ante un claro ejemplo de circuito de violencia. Inversamente, si el deseo del otro quiere introducirse y, en ese caso, mi propio deseo tiene que ceder espacio, también hay violencia.

Si ingresa un deseo, el deseo del otro está obligado a salir del ámbito de intercambio emocional. **No hay lugar para dos.** Es importante que tengamos en cuenta este concepto, ya que nos permitirá comprender dinámicas de violencia emocional o invisible que, de otro modo, son muy difíciles de detectar.

Ahora bien, para que un adulto no tolere la complicidad y la convivencia de dos deseos diferenciados, incluso en presencia de un ser tan amado como un bebé recién nacido, **necesita haber vivido la misma realidad emocional** en su primera infancia. Dicho de otro modo, si cuando este adulto fue bebé y tuvo que supeditar sus propias necesidades básicas al capricho del adulto no dispuesto a satisfacerlo y vivir en carne propia el hecho de que si su deseo se ponía de manifiesto, el adulto lo castigaba, o sencillamente lo acusaba de ser el culpable de sus desdichas; e inversamente, si el adulto imponía su deseo, era a costa del deseo del niño; entonces este individuo **aprendió que en el intercambio afectivo sólo hay lugar para uno.** Y siempre es a costa del deseo del otro.

Afirmar que en un espacio psíquico cualquiera sólo hay lugar para uno y que el otro, literalmente, tiene que dejar de existir (como sujeto deseante) es lo mismo que declarar la guerra. En la guerra la única opción **es matar o morir.** Hay sólo lugar para uno. No hay medias tintas, ni convivencia, ni integración, ni diálogo ni posibilidad de compartir un espacio. El que gana **ocupa todo el espacio disponible** y el que pierde **se retira** definitivamente **del espacio disponible.**

Si todo el aprendizaje –en el terreno del intercambio afectivo– lo hemos incorporado dentro de esta dinámica, sabemos por propia experiencia que necesitamos ventaja en todos los terrenos. Será preciso controlar las situaciones, conocer las intenciones del "enemigo", adelantarnos a los movimientos de los demás e imponer las propias reglas.

Puede resultar incómodo llamar "enemigo" al propio hijo, sobre todo cuando se trata de un bebé deseado, amado y esperado, y que nos llena –también– de ternura y compasión. Pero es importante develar nuestras propias contradicciones que manejan los hilos invisibles de nuestras decisiones inconscientes, si nos importa comprendernos un poco más.

Hago hincapié en estas reflexiones, porque aun las mujeres más modernas y en búsquedas alternativas, mujeres deseosas y amantes de nuestros hijos, sentimos en un lugar muy profundo que este hijo real nos devora, nos mata, nos expulsa de nuestra propia vida. Y ésta es una sensación totalmente indiscutible y verídica para la vivencia interna y, por cierto, muy aterradora. Esta certeza de morir envenenadas en las garras del niño pequeño es una experiencia compartida por la mayoría de las mujeres que devienen madres, pero al no lograr traducir en palabras la sensación de angustia y desesperación que nos acosa, utilizamos las opiniones actuales sobre educación y crianza de los niños para sentirnos resguardadas en el hecho de abandonar al niño y salvarnos. Ésa es la premisa: nos tenemos que salvar a toda costa.

Insisto en que, si la dinámica de las relaciones afectivas se ha organizado desde la primera infancia a partir de una supervivencia de guerra, el "otro", aun si es el propio hijo amado, siempre será quien viene a "expulsarme" del territorio que deja de ser mío si alguien ingresa. Y si me quedo sin territorio (sin refugio para la psique fragilizada), estoy en peligro.

Expulsar al niño del territorio compartido

Nace el niño. Supongamos que se trata de una madre amorosa y con intenciones de cuidarlo, protegerlo y amamantarlo. Muy rápidamente el niño **deseará** algo **diferente** de lo que la madre desea. Querrá succionar el pecho materno cuando la madre ya no está disponible. Llorará cuando la madre considere que ya lo acunó suficientemente. Llorará con desesperación cuando la madre desee conversar plácidamente unos minutos con su mejor amiga. Reaccionará con enojo cuando la madre se encuentre con otras personas con quienes necesita vincularse. En fin, no se necesita ninguna situación extrema para darnos cuenta de que el niño, aunque muy pequeñito, es un "otro". Y como hemos dicho, irrumpirá en el mismo campo emocional que la madre y buscará "hacerse un lugar".

Si la madre **proviene de una vivencia infantil de amparo y cuidados maternantes**, no sucederá nada. **No habrá conflicto.** Pero si la madre proviene de alguna situación emocional de desamparo en mayor o menor grado, como las que hemos descrito... inmediatamente –e inconscientemente– se declarará la guerra. La madre –intelectualmente disponible y feliz con el niño en brazos– buscará alianzas. Es decir, buscará a alguien **que le dé la razón.** Alguien que le asegure que la actitud del niño es incorrecta. Y lo encontrará fácilmente, ya que la sociedad en su conjunto está organizada sobre la base de la guerra de los deseos. No sólo encontrará un pediatra que le certifique que el niño necesita límites (¡aunque tenga quince días de vida!), también hallará disponibles variados consejos escritos en múltiples libros y revistas sobre conductas, problemas frecuentes con los niños, sobre lo que toda madre debe saber y cómo criar niños sanos, felices y que se porten bien.

Hay infinidad de consejos disponibles. He visto por televisión una serie norteamericana que se llama "La enfermera experimentada", que, supongo, tiene mucha influencia en el público ya que aparece en un canal supuestamente científico. Allí, una enfermera le "enseña" a los padres cómo callar definitivamente al niño que no quiere dormir o que simplemente llora. A nadie le interesa averiguar qué le sucede a ese niño, y mucho menos qué le sucede a ese "niño-mamá".

Acontece algo parecido en las conquistas de los países poderosos sobre los más pobres: al poderoso le importa bastante poco qué piensan, qué desean y qué están dispuestos a construir los habitantes de países menos desarrollados. Organizan su propia construcción ideológica de la cosa, dictaminan que ésa es la verdad absoluta, y listo. No hay nada que discutir. ¿Se dan cuenta de que tanto en una relación de dos individuos, como en la relación entre dos naciones, puede establecerse el mismo tipo de vínculo? ¿Que sólo hay opción para el deseo de uno, aniquilando la "voz" del otro? Y visto desde la posición del más fuerte, hay suficientes argumentos para estar seguro de tener razón. En cambio, desde la posición del más débil, lo único que se genera es impotencia, odio, deseos de venganza y la absoluta convicción de destruir en el futuro al hoy más poderoso, apenas cuente con la fuerza necesaria para lograrlo.

Retomando la idea del niño que llora, lo que una madre no encontrará fácilmente es **alguien que traiga la voz del niño** en cuestión. Alguien que trabaje de "abogado del diablo". Alguien que le pregunte a la madre qué es lo que el niño pide, reclama o necesita. Y alguien que le pregunte a la madre **de qué se trata realmente esta lucha** que está tan decidida a entablar. Porque, obviamente, no es contra el niño. Es contra el "otro", ese "otro" que, en la fantasía del adulto, necesariamente, vino al mundo para destruirlo.

Cualquier madre conscientemente dispuesta y que ha hecho todas las preparaciones pertinentes durante el embarazo, cree tener mucha disponibilidad para el bebé. El problema es que no se trata de la aptitud de la madre, sino de la construcción primaria –es decir, inconsciente– que permitirá que la madre pueda vivir la presencia del niño, ya sea como **devoradora** o bien como **complementaria.** Me refiero, insisto, a que depende de la realidad que **esa madre ha vivido siendo bebé,** es decir, depende de una experiencia de la que no tiene recuerdos conscientes. En la mayoría de los casos, las madres tampoco hemos iniciado un recorrido de indagación sobre la propia "novela" familiar que nos permita sospechar qué condiciones de integración de dos deseos hemos vivido siendo muy pequeños.

La realidad pretérita de una **guerra de deseos** o de la **integración de dos deseos,** sólo podemos corroborarla en presencia del niño. Claro que si la madre ha emprendido con anterioridad al parto un trabajo de indagación de su propia sombra con suficiente valentía y con un profesional atento a las huidas de la psique, tal vez la mujer sepa cómo permanecer alerta ante sus propias sensaciones de ser tragada por el niño. Tal vez reconozca, al menos, que no es el niño quien la destruye, sino que es su propia vivencia de **no tener permiso para vivir si otro hace su entrada en el circuito afectivo.**

Ésta es una labor que también se puede realizar en presencia del niño. En verdad, casi siempre sucede así (me refiero al hecho de emprender un trabajo de búsqueda personal en el momento en que las mujeres buscamos ayuda supuestamente para la crianza del hijo), porque raramente la mujer ha tenido oportunidades de encontrarse tan fuertemente en situaciones de "guerra" emocional. Seguramente, dentro de otros vínculos, ha podido "vencer" al enemigo o, en todo caso, se ha retirado de la escena. Pero con un niño en brazos estamos atrapadas, no podemos abandonar esa relación. Y esa sensación de estar capturadas ya nos da pistas sobre cómo hemos organizado nuestro "estar en el mundo".

¿Cómo expulsamos al niño del territorio compartido? Es fácil, todos lo hacemos: la primera premisa es **no dar crédito a lo que le pasa. Como no habla, podemos interpretar libremente lo que se nos antoje.** Además, nos encanta explicar los motivos de un llanto, para calmar a todos los presentes. Por ejemplo, podemos argumentar en medio de un restaurante repleto de gente que nos mira: "Es un capricho". Así estaremos avalados por cientos de personas que opinan que "tenemos razón" y que el niño "no debería" estar haciendo lo que hace y que, además, los padres lo están educando para que comprenda que no es de buena educación llorar en un lugar público sin un buen motivo que lo justifique. Punto final. Hemos ganado una batalla. Nunca nos enteraremos de qué necesitó ese niño. Cargaremos todas las tintas "en contra" de él, ya que le quedan menos puntos a favor para la próxima salida social. De hecho, al tercer llanto en un lugar público en la misma semana, ese niño ya "es" un llorón y un caprichoso, por lo tanto, cada vez nos importará menos averiguar qué necesita y desacreditamos cada vez más cualquier sensación, percepción o molestia que tenga.

Desde este lado del campo de batalla, los padres estamos haciendo lo mejor para él. Lo estamos educando para que aprenda a portarse bien. Desde el campo de batalla del niño, está cada vez más solo, sin herramientas para vincularse de otro modo y aumentando su soledad y su desamparo.

Lo más lamentable para el niño pequeño es que tiene **necesidades viscerales que no comprende** y que ningún adulto se toma el trabajo de **averiguar y traducir.** Por lo tanto, el mismo niño no las comprende dentro de sí. Sólo siente que no es satisfecho y que queda vacío, hambriento de algo que le falta, pero no distingue qué es.

Así organizamos –desde que somos muy pequeños– varios sistemas para **defendernos y vincularnos** (que, como hemos visto, dentro de la vivencia de la **necesidad no satisfecha**, es lo mismo). Describiré a continuación varias modalidades o mecanismos de supervivencia, para detectar dinámicas violentas aunque sean invisibles, a saber:

1) Violencia hacia afuera (destruyo al otro)

2) Violencia pasiva (víctimas)

3) Violencia hacia adentro (me autodestruyo: enfermedades, debilidad)

4) Devorarlo todo (adicciones)

Más adelante intentaré describir cómo operan estas personalidades, aunque profundamente son –en todos los casos– modos de reclamar amor desplazadamente y demasiado tarde. Constataremos que estamos casi todos incluidos en algunos de estos sistemas, en mayor o menor grado.

Carencia de maternaje y organización de dinámicas violentas

Personalmente, creo que **todas las formas de violencia,** pasivas o activas, concretas o sutiles, **se generan a partir de la falta de maternaje**, es decir, a partir de la falta de calidad de atención, calidez, amor, brazos, altruismo, generosidad, paciencia, comprensión, leche, cuerpo, mirada y sostén... recibidos –o no– desde el nacimiento y durante toda la infancia. **Nadie puede ofrecer lo que no tiene,** así que ésta es una realidad que se perpetúa de generación en generación. Si no he recibido suficiente atención de acuerdo con las necesidades reales y subjetivas de mi "ser" bebé... esa falta se convertirá en la imposibilidad de dar a otro algo que no he aprendido. No puedo maternar o paternar si no sé lo que eso significa.

Desde el punto de vista del bebé, **toda experiencia sin suficiente apoyo y sostén, es violenta.** Porque actúa en detrimento de las necesidades básicas. Las necesidades básicas se refieren a la supervivencia. Aunque un bebé bien alimentado e higienizado no se muera corporalmente... no hace falta explicar que no se trata sólo de supervivencia física.

Sencillamente, un bebé pequeñito llega al mundo sin ninguna autonomía. Recién adquiere los primeros movimientos autónomos alrededor de los nueve meses (en que se puede trasladar por sus propios medios, gateando). Y necesitará varios años para que pueda salir solo a la selva urbana. **Necesita** del adulto para sobrevivir. Por supuesto, necesita que se le procure alimento, higiene, calma y silencio para dormir. También sabemos que el niño **necesita** contención, calor, cercanía de otro cuerpo, leche, mirada, palabras y, sobre todo, alguien que haga de **mediador** entre él y el mundo externo.

Por otra parte, todo bebé recién nacido vive **dentro de la fusión emocional con su propia madre.** Por lo tanto, **necesita** también palabras que transmitan la verdad de lo que siente y de lo que siente su madre. Esto ha sido detalladamente descrito en mi libro *La Maternidad y el encuentro con la propia sombra.*

La mayoría de los bebés llega al mundo sin una mamá, o persona maternante, capaz de sostener y fundirse en la inmensa necesidad del bebé de ser maternado totalmente. Quiero describir, a continuación, cuatro maneras de organizar la psique cuando **no hemos recibido suficiente maternaje.** Para mí, son cuatro maneras posibles de expresar la violencia interior que hemos vivido. Estamos hablando de cómo **se perpetúa la violencia en el mundo.**

Violencia hacia afuera (destruyo al otro)

Hemos dicho que cuando el deseo de la madre vence al deseo del niño y hay lugar sólo para uno, hay dos opciones: matar o morir. Dentro de esta manera de organizar la lucha, el individuo elige la de matar al otro.

En mi experiencia, cada vez que he visto individuos cómodos en el papel de agresores, ha coincidido en que no sólo no han sido suficientemente maternados en la infancia, sino que han sido criados por personas muy identificadas con el agresor o victimario. Para el agresor, siempre hay un **"otro" que tiene la culpa.** Y como tiene la culpa, es culpable de todo lo que me acontece. Por lo tanto, cada vez que suceda algo que no me guste, que no me corresponda o sea injusto, podré descargar toda mi furia en el culpable elegido.

Es posible que siendo pequeño esa dinámica fuera corriente entre mi padre –identificado con el agresor – y mi madre – identificada con la víctima–. Y que ambos hayan acordado en mostrarme ventajas en alguna de las dos condiciones. Es probable que si soy varón, tanto mi padre como mi madre hayan "acordado" que es mejor que yo sea el más fuerte y que pegue en el colegio antes de que me peguen a mí. Podemos presumir que mi madre se haya sentido más segura constatando que –como niño– puedo defenderme bien. E incite a que crezca mi "seguridad" en la medida en que me sienta más poderoso que los demás niños. Especialmente si logro que otros niños me tengan miedo. Ese miedo que siente mi propia madre y que cree que puede "salvarme" si yo no lo siento.

Un bebé que no se siente protegido, avalado, interpretado ni tenido en cuenta en sus más íntimas necesidades, justificadamente puede sentir primero rechazo y luego enojo en contra de quienes deberían procurarle placer y confort. Ese enojo crece a medida que pasan los años. Pero, raramente, el enojo interior se manifiesta con sus padres reales. Por lo general, se desplaza a cualquier otro individuo que se torna **culpable**, haga lo que haga o diga lo que diga.

Entonces, el enojo hace parte de cualquier vínculo. Es más, sólo puedo vincularme si tengo asegurado un enojo permanente con el otro. Para eso, necesitaré excusas (que son facilísimas de inventar). Un individuo que se enoja, puede hacerlo por cualquier cosa. Eso lo saben muy bien las personas **violentas pasivas** que conviven con **violentos activos**. No hay forma de cuidarse. Se enojará de todas maneras.

Como hemos visto anteriormente, una madre que no procura satisfacer las necesidades básicas del niño, está dando prioridad a sus propias necesidades o deseos. Hay lugar sólo para el deseo de uno. El niño reaccionará con agresión, enojo o lo que fuera para ganar espacio. Mientras sea muy pequeño, difícilmente lo logre. Entonces desplazará ese enojo sobre otros individuos, objetos o circunstancias donde pueda desplegar con libertad la inmensidad de su enojo. Concretamente, morderá a otros niños más débiles, pegará, escupirá, dará patadas con toda su fuerza, desplegará su ira en casa o en el jardín de infantes, cada vez que su deseo no sea satisfecho inmediatamente o bien "gane" el deseo o el ritmo del otro. Es posible que los padres y los maestros lo culpen de "caprichoso" o consideren que "necesita límites", habilitando, de esta manera, mayores excusas para seguir imponiendo deseos personales, tomando cada vez menos en cuenta la inclusión de las necesidades del niño en cuestión. En el mismo sistema operarán los psicopedagogos, pediatras, psicólogos y otros tantos especialistas que acordarán entre adultos que ese niño "no tiene razón" y que nosotros los grandes sí tenemos razón. Es decir, continuaremos la misma guerra aumentando nuestro arsenal psicológico, nuestro poder y nuestro control.

¿Cuál es la trampa de este problema? Que nunca vamos a solucionar nada abordando cada situación en particular, definiendo si en cada situación tiene o no tiene razón en enojarse, agredir, volverse loco, gritar o maltratar a alguien. **Porque no se trata de ninguna situación en particular, sino de la construcción psíquica que el individuo ha hecho desde su primera infancia para sobrevivir. Se trata de un enojo primario.** Eso es lo único que hay para comprender. Si aún somos niños, si tenemos ocho o nueve años, si tenemos doce o catorce, entonces hay tiempo para reparar, porque siempre nuestros padres pueden buscar el permiso interno para hacernos "upa", para mimarnos, para entrar en contacto corporal, para escucharnos y preguntarnos qué nos pasa. Las madres y los padres aún tenemos tiempo de hacerlo, sobre todo porque seguimos teniendo la oportunidad de entrar en contacto con esos lugares vacíos de nuestro propio desierto emocional, de ese dolor profundo de soledad y negrura y desolación que nos arroja con nuestros hijos a la nada emocional.

Ahora bien, si somos adultos, tal vez ya sea demasiado tarde para arreglar algo con la **madre real**, porque no se trata de la madre real, sino de la madre interior que vive en nuestras entrañas, a quien hemos alimentado, guiado, cuidado y a quien mantenemos bien viva para que nos permita seguir enojándonos con el mundo entero. Si hemos cultivado toda nuestra vida dentro de la identidad que nos da el ser agresivos y enojadizos con el mundo, al menos es hora de saber que esa construcción psíquica que nos ha salvado en el pasado, que nos ha permitido ganar alguna batalla contra nuestra madre para obtener algo de territorio emocional, ya no nos sirve. Ahora no hay territorio para ganar, porque estamos solos. Y no hay nada allá fuera que sea causante de nuestros enojos.

Esta modalidad encuentra mayor identificación en los varones.

Violencia pasiva (el otro me destruye)

Se trata de niños –y luego adultos– que son "golpeados" y "maltratados" por las personas afectivamente más cercanas. Básicamente, son las personas que siempre resultan **víctimas** de algo o alguien. No es obligatorio que en la primera infancia hayan sido maltratados físicamente. Estamos hablando de maltrato emocional, en todas sus formas.

Organizan el vínculo con el otro en la medida en que "ese otro me destruye". Así puedo "ser" alguien: soy el depositario preferido del enojo del otro y estoy siempre disponible para que el otro descargue su furia. Obviamente, ésta es "la otra cara de la moneda" de la modalidad "violenta hacia afuera". Las dos modalidades se necesitan mutuamente para poder ejercer la violencia, es decir, para perpetuar el desamparo.

Ésta es una modalidad violenta difícil de detectar porque el individuo suele ser alguien "buenísimo". Lo que conviene observar es con quién se vincula la persona buenísima, para qué le sirve y cómo maneja situaciones para despreciar y humillar al otro. Siempre es útil observar dónde **se inicia realmente la escena de violencia**. Daré un ejemplo sencillo:

Entra a mi consultorio Maite, una mujer hermosa, vivaz, alegre y con ganas de saber, aprender y mejorar. Parece muy amorosa con su beba, emocionada de tener esta criatura, después de haber atravesado situaciones penosas. Recorremos toda su biografía humana –no entraré en detalles aquí– pero diré que su madre la había maltratado físicamente durante su infancia, incluso tuvo varias hospitalizaciones como consecuencia de los golpes recibidos.

Quiero destacar que un adulto que proviene de una familia violenta, necesariamente **es violento**. Esto significa que obligatoriamente va a tener que organizar **algún sistema de supervivencia**, que generalmente estará dentro de los mecanismos que estamos describiendo. A veces comparte propiedades de dos o más modalidades. Es probable que la persona no se considere en absoluto alguien violento, **porque confundimos la violencia con la agresión activa**. Sin embargo, estamos viendo que la violencia es –en estos casos– el único sistema posible de intercambio afectivo.

En el caso de Maite, sin ninguna duda se trataba de una mujer encantadora, pero abordando la realidad de su infancia, mi propósito era detectar **qué modalidad de violencia había organizado**, sabiendo desde el principio, que **necesariamente vivía dentro de una dinámica violenta**.

Maite decide consultar porque me ha escuchado hablar sobre dinámicas violentas y le preocupa especialmente "no repetir la historia de su infancia". Me explica que se ha dado cuenta de que su marido es un hombre violento, a raíz de una escena que se repite cotidianamente: el esposo se pone a gritar como loco cuando llega a la casa y la encuentra desordenada. En este punto es donde hago hincapié para buscar dónde se inicia realmente la escena violenta y, para ello, es indispensable "rebobinar a película" hacia atrás. Entonces le pregunto:

–Maite, ¿cuáles son las prioridades de tu marido, qué cosas le importan más?

.e descubrir cómo se originan las escenas y veremos cómo la ıma tiene generalmente un papel activo, pero sutil.

Dentro de esta modalidad es muy complejo detectar la violencia que genera la **víctima**. Sobre todo porque la víctima busca aliados que le den la razón. Y siempre los encuentra, ya que a todos nos gusta tener razón. Por otra parte, las razones son válidas en sí mismas. Si un hombre le pega a una mujer, es obvio que automáticamente todos estaremos a favor de la mujer y en contra del hombre agresor. Y que moralmente estamos todos de acuerdo en que nadie tiene por qué pegarle a nadie. Lo complicado es registrar la totalidad de la dinámica violenta, donde todas las personas cumplen una función para que la escena pueda producirse.

La dificultad para registrar la violencia de la **víctima** reside en que aparentemente **no hace nada**. Por el contrario, es paciente, amable, está disponible y de buen humor. Por eso hay que detectar la violencia **en funcionamiento**, observando las escenas completas y a todos los individuos que participan. Si hay alguien que la activa, necesariamente todos los que participan en el juego vincular están comprometidos.

Más difícil aún es detectar violencia familiar en los niños víctimas de sus compañeros de la escuela. Generalmente se trata de niños tranquilos, tímidos y poco sociables que siempre están en el camino del más torpe. Reciben las patadas y los golpes de los niños más brutos, sencillamente porque están allí, en el lugar justo para recibirlos.

No hay víctima sin victimario. Es una danza perfecta donde ambos se comprenden y se precisan. Básicamente entienden el lenguaje del desamparo. La pelea, el agravio, la humillación y el desprecio conforman ese lugar calentito del maternaje recibido. En esa vivencia de maternaje desprovista de calor, están unidos. Por eso se aman y se necesitan.

Por otra parte, las personas frecuentemente víctimas de algún agresor más activo, suelen luego descargar su furia en algún individuo más débil. Si se trata de una madre que resulta ser víctima dentro de un funcionamiento de pareja, los hijos quedarán necesariamente en un lugar de desamparo emocional profundo, ya que la madre necesitará **nutrirse del único espacio emocional disponible.** Dicho de otro modo, succionará toda la energía existente para sí, ya que tiene que recuperarse, herida después de la batalla campal, para sobrevivir. Esos niños, entonces, quedarán "victimizados" por una madre que da prioridad a su necesidad de acaparar todo el territorio emocional pa-ra su salvación.

Esta modalidad encuentra mayor identificación en las mujeres.

Violencia hacia adentro (me autodestruyo - debilidad)

Cuando el bebé no es suficientemente acunado, es posible que no se sienta valioso para la madre, como sujeto de amor. Siente que su existencia no tiene importancia para la madre, por lo tanto, no tiene importancia en absoluto. Puede morir y tal vez eso sea lo mejor. De hecho, algunos niños pequeños mueren. Muchos otros niños crecen apenas lo indispensable y permanecen física o emocionalmente débiles. Cuando necesitan atención, la piden y la obtienen a través de la enfermedad. Por eso, la enfermedad se constituye en el principal aliado para obtener amor y entrar en el circuito de intercambio afectivo. Necesitan permanentemente atención y cuidados especiales.

La mayoría de los niños nacidos sanos, bien alimentados y escolarizados, se enferman demasiado, a mi modo de ver. Ya no nos llama la atención convivir entre mocos. Los bebés obviamente obtienen "mamá" en algunos casos, pero en otros ni siquiera registramos ese llamado. Y cuando les pregunto a las madres sobre las enfermedades que han padecido sus hijos, me cuentan una lista interminable de enfermedades más o menos complejas, que ni siquiera habían traído a la consulta como preocupación, hecho que personalmente me preocupa más que todo lo demás. Me refiero a que esos llamados corporales que hacen los niños cuando se han agotado de tanto llorar, ya no los registramos más, porque entran en un circuito de "normalidad" de espasmos, sollozos, otitis, neumonías, anginas, bronco-espasmos y diarreas eternas, que dejamos de atender como lo que son: llamados desesperados de almas necesitadas. Creemos que las enfermedades son parte natural de la infancia, les restamos importancia y el bebé vuelve a quedar solo, tratando de inventar un sistema más confiable de llamado a la solidaridad.

En los casos de niños escolarizados, los docentes ya están resignados a trabajar entre niños siempre enfermos, entre toses y pañuelos y estornudos y alergias y medicamentos.

Las enfermedades de los niños han dejado de ser una pista para los adultos, porque a esta altura ya no atendemos esas señales. Pero mientras tanto los niños se debilitan dentro de la enfermedad física y dentro de la certeza de quedarse sin herramientas para avisar lo que les pasa.

Es diferente "utilizar" la enfermedad siendo niño que siendo adulto. El niño necesita genuinamente ser atendido en su totalidad. A veces plasma una enfermedad "que no tiene cura", como el asma. En ese caso el niño **se llena de aire porque no tiene madre con que llenarse**. Pero si no obtiene madre, sencillamente, no sanará.

Devenidos adultos, los individuos mejoramos nuestra *performance*. Por un lado, **seguimos siendo los mismos niños necesitados de**

mamá, pero ya no lo sabemos: lo hemos olvidado. Por otro lado, exploramos e invadimos con más fuerza el campo emocional de los demás para devorarnos todo lo que encontramos alrededor, generalmente la energía sutil e invisible de los demás. Usamos y abusamos de lo más vital que hay en las personas con quienes nos relacionamos. Aprendemos a realizar la violencia a través de la enfermedad, desde donde podemos "mover los hilos" de las relaciones. Obtenemos lo que sea, porque nuestra enfermedad nos lo habilita, y nos vamos convirtiendo sutilmente en personas muy demandantes. Casi nadie se da cuenta, pero la persona más allegada empieza a "apagarse", a consumirse, mientras nosotros logramos sobrevivir y ganar la batalla de la supervivencia.

Esta modalidad también la podemos detectar en niños y luego en adultos **sin energía**, sin pasión, sin entusiasmo. Son personas apáticas, que no creen en nada, que desprecian toda situación que se les presente como carente de atractivo. Frecuentemente son personas sin vocación, que realizan lo mínimo indispensable (si son niños, estudian sólo para aprobar los cursos; si son adultos, trabajan sólo para sobrevivir) para "zafar". Suelen desdeñar también lo que otros individuos hacen con placer y alegría, tiñendo todo de color gris. Ninguna propuesta les genera interés y los demás siempre son "necios".

Consideran que los demás son responsables de proveerles la nutrición necesaria para vivir. Las posibilidades de trabajo, las salidas, las relaciones "les llueven", ya que las personas cercanas, en el deseo de despertar en ellos alegría y entusiasmo, suelen acercarles opciones, que luego estos individuos desdeñan o bien toman para beneficio propio, sin comprender que detrás de todo lo que se obtiene, hay una búsqueda deseante y activa. Por eso, se trata de personas que tienen poco contacto con el mundo externo, porque no les importa y creen que no lo necesitan, ya que otros se ocupan de acercarles lo mínimo indispensable para permanecer encerrados en la idea que conformaron del mundo que los circunda.

A veces, son personas muy mentales, en quienes es difícil descubrir esta modalidad violenta, porque suelen tener "explicaciones" racionales y lógicas para validar el desprecio y el desdén por todos y por todo. Se sienten poderosas en la medida que desestiman las ideas o los actos de los demás. Creen y hacen creer a los demás que la tendencia a descansar, dormir muchísimas horas, no hacer deportes ni vida activa, son decisiones personales y sobre todo inteligentes, ya que "todo eso es una tontería". En realidad, están muy primariamente carentes de energía, pero no lo saben. No han "mamado" vitalidad, ni deseo, ni pasión, y están desprovistas de fuerza nutritiva.

Estas personas, que apuntan la violencia hacia su propia destrucción, se sienten cómodas en la no pertenencia, en no ser vistas ni reconocidas por nadie. Prefieren ser transparentes a los ojos de los demás. Y si se vinculan con alguien, lo hacen con personas tan desamparadas y solitarias como ellas, uniéndose en la "idea" de que vivir así es una elección.

Generalmente, se quejan de las cosas que "les suceden", ya que no han hecho nada activamente para ello y suelen no sentirse responsables de los acontecimientos. Cuando hay hijos a cargo, con frecuencia encuentran madres, suegras o familias vecinas de buena voluntad que solapadamente –y guiadas por el cariño hacia los niños– terminan ocupándose de los niños que advierten desamparados y necesitados. Es un mecanismo de violencia mucho más frecuente de lo que sospechamos, pero es muy sutil. Miremos alrededor o recordemos nuestra infancia, para reconocer cuántos niños encuentran refugio en familias cercanas, mientras los padres aparentemente amorosos miran hacia otro lado.

Esta modalidad encuentra identificación tanto en mujeres como en varones.

Adicciones (devorarlo todo)

Los bebés no andan con medias tintas. Necesitan leche **ya**. La **necesidad** es inmensa, fatal, urgente, lo envuelve todo. Cuando necesitan brazos, en el apuro por obtenerlòs se les va la vida. Y cada pequeña necesidad es vivida como un tema de vida o muerte. Realmente es así, no hay lugar para la espera ni la indecisión.

Por otra parte, para el bebé **no hay mundo externo, no hay otro**. Por eso no cuenta el deseo del otro. Sólo existe su propio deseo, que es la clave de su supervivencia; y una madre (que es vivida como su "sí mismo") que provee y calma sus necesidades, **permanentemente**. Podríamos decir que esto se acerca bastante a la definición de "bebé humano".

Cuando el bebé no obtiene lo que necesita (que –como está extensamente explicado en mis libros publicados con anterioridad– me refiero a brazos, calor, mirada exclusiva, atención permanente, contacto corporal, leche, movimiento, palabras, silencios y presencia constante) el bebé desespera. Y a medida que va creciendo (probando todo tipo de estrategias que le permitan obtener lo que necesita, con mayor o menor éxito), va conformando una identidad donde **siempre sigue necesitando**. Lo que sea. El niño, en lugar de ir apaciguando su voracidad (innata en todo bebé pequeño), la va aumentando. Se torna cada vez más voraz, pero ya no de leche materna ni de brazos, porque de todas maneras no los obtendrá, sino de lo que sea que los sustituya. A esa altura ya no importa qué sustancia o alimento necesita, lo que importa es introducir algo, lo que sea, que lo calme.

Está claro que si incorporo algo que no necesito, **la falta** sigue operando. Pero **mientras estoy en el acto de incorporar, no me doy cuenta.** Estoy ocupado y no distingo las diferencias. Cuando tenemos muchísima hambre, estamos dispuestos a comer cualquier cosa, sin elegir verdaderamente el alimento.

Poco a poco, el **acto de incorporar** en sí mismo se convierte en primordial. Y dirigimos todo nuestro interés a devorar lo que sea, lo más rápidamente posible, antes de que se acabe y sintamos la falta. Lo más penoso de esta situación es que la falta la sentiremos igual, porque lo que necesitamos **originalmente** ya lo hemos olvidado, aunque sigue operando en las profundidades de nuestro ser.

Entonces, el niño pide lo que sea, porque la **falta** está siempre presente. Usualmente pide lo que sabe que los adultos están dispuestos a procurar, por lo tanto depende de la modalidad familiar. Pedirá juguetes, comida, jugos, golosinas y, si tienen un valor positivo para los adultos, serán ofrecidos. Pero todos nos desorientamos, porque aunque obtiene lo que pide, no se satisface. Esto sucede porque, a pesar de todo lo que incorpora, no logra **satisfacer su necesidad original** ya largamente olvidada.

A medida que crece, sus necesidades –falsas e imposibles de satisfacer– irán en aumento. En nuestra sociedad de consumo se tornan muy difíciles de identificar, porque estamos todos comprometidos en un sistema en el que creemos que necesitamos innumerables objetos de confort. Por lo tanto, cuando el niño pide incesantemente y obtiene televisión o jueguitos electrónicos durante horas, no detectamos que algo funciona mal. Ni siquiera cuando el niño **siente que no puede vivir** sin los objetos que desea.

La única explicación que encontramos los adultos es la de considerar que el niño "necesita límites" porque tiene "demasiado". Sin darnos cuenta de que tal vez tenga demasiados juguetes en su cuarto, pero carece de "mamá", por lo tanto carece de lo más vital y prioritario en cuando a las necesidades básicas de un niño humano. Y que va a necesitar compensar sus necesidades básicas desplazándolas hacia modalidades aprobadas en la cultura en la que se desarrolla: el consumo de azúcar, golosinas, bebidas artificiales y, en otro orden, la televisión y los jueguitos electrónicos organizan, hoy en día, el modo de vincularse y de obtener satisfacción en los niños pequeños. Y esta modalidad es invisible para los mayores que compartimos con los niños la misma necesidad de autosatisfacernos permanentemente.

Toda adicción necesita ser comprendida. Si aún somos niños, hay una madre y un padre que podrían estar en condiciones de reconocer su incapacidad en el pasado, para permitir que el niño ingrese completamente en el territorio del intercambio afectivo. Pero estamos a tiempo. Podemos cambiar jueguitos electrónicos por un paseo a solas por el barrio. "A solas", quiere decir que si hay varios niños en casa, el paseo se hará con un niño por vez, porque los bebés no socializan, sino que **fusionan**. Un niño de once años necesitado de fusión es emocionalmente un bebé necesitado. Por lo tanto, no podrá "sanar" si el paseo es compartido. Porque, en ese caso, "no se llena de mamá", sino que se pierde en la dinámica grupal y eso nunca llena a un bebé. No importa la edad de un niño adicto, es decir, necesitado. Si aún es un niño, si no completó la separación emocional (entre los catorce y los dieciocho años), aún hay tiempo de maternar. Es decir, de fusionar.

Insisto en que, tratándose de niños, los adultos siempre tenemos algo para hacer y es relativamente sencillo. Los niños están tan necesitados de escucha, de tiempo, de dedicación y de contacto físico, que apenas obtienen un ratito de mirada, se vuelven princesas y príncipes sumamente delicados y finos, al menos hasta la hora del baño.

Todo bebé siente que **muere sin una presencia maternante**. Ésta es una realidad emocional contundente en el bebé. Si elige la adicción como mecanismo de supervivencia y logra superar en la infancia los escollos consumiendo lo que sea, seguramente se pueda acomodar afinando aún más la modalidad vincular. De este modo, **cuando devenimos adultos** perpetuamos este modo de vincularnos con los objetos o con otras personas: sentimos que **sin la incorporación** o el usufructo de la sustancia o la situación elegida, **nos morimos**. En estas circunstancias, cualquier cosa que consumimos deviene vital. Por otra parte, cuando aparece la necesidad, sentimos la urgencia de obtenerla ya, inmediatamente. ¿Nos recuerda algo? Nos recuerda que continuamos siendo emocionalmente bebés y que estamos en el mismo estado de necesidad absoluta, como cuando éramos recién nacidos.

Cuando la incorporación de lo que sea deviene vital o desesperante, estamos hablando de adicción. Estamos convencidos de que necesitamos sí o sí incorporar la sustancia, el vínculo o lo que sea, para no morir. Hay adicciones más fáciles de reconocer, como la adicción al cigarrillo o al alcohol. Otras menos detectables, como la adicción a la comida, al azúcar o a los psicofármacos. Y otras aún más invisibles como la adicción al reconocimiento social, al trabajo, al éxito o al confort.

Es evidente que somos una sociedad adictiva y que, en cierto punto, todos nos manejamos con diversos grados de adicción. Pero también queda claro que **la adicción no se combate**. No es posible luchar en contra de una necesidad primaria ni siquiera reconocida como tal. Y que **toda adicción, es decir, toda incorporación desesperada de madre, busca resarcirse**. Por lo tanto, sería muy necio, además de habernos quedado sin mamá, quedarnos sin cigarrillo, luchando para soportar **la falta**. No es posible seguir peleando en contra de nuestras necesidades primarias.

¿Por qué la adicción tiene que ver con la violencia? Porque **comienza y se sistematiza en el mismo desamparo original** y responde a una organización particular de autodestrucción. Nadie me destruye. Tampoco me enfermo ni me muero. Sólo compenso, equilibrando la falta.

La adicción es la forma más invisible de violencia. Posiblemente la que produce más estragos, porque nos sentimos como bebés imposibilitados de hacer nada a favor de nosotros mismos. Estamos poseídos por un "otro" que decide hacer con nuestra vida lo que se le antoja. Ese "otro" puede ser el alcohol o el manejo de nuestra oficina. Así como la persona maternante hizo lo que quiso y lo que pudo cuando éramos bebés y no teníamos voz ni voto para decidir sobre nuestra vida, ahora la sustancia, a quien le otorgamos todo el poder de decisión, "hace lo que quiere" con nosotros. Y también invade todo el territorio emocional y se apropia con **"su"** deseo diferente de **"nuestro"** deseo, que queda, una vez más, sin lugar para existir. Veamos cómo en la adicción también aparece la guerra por la apropiación del deseo personal, y cómo nos resulta imposible que convivan dos deseos simultáneamente.

La adicción es una expresión directa de nuestro niño interior desamparado. Refleja nuestros aspectos más infantiles e inmaduros. Es la parte menos "manejable" de nuestra organización psíquica. La hemos dejado a sus anchas, porque sabemos que no la podemos dominar, entonces le otorgamos todas las libertades. La adicción se apodera de nosotros, dejándonos inválidos frente a nuestros deseos actualizados. Domina nuestros deseos conscientes y, más que nunca, volvemos a "ser bebés" dependientes del deseo de ese "otro". No tenemos voluntad para asumir la responsabilidad de nuestros actos. Sólo podemos dejarnos llevar y resposabilizar a la adicción, como si fuera la madre que decide, actúa, nutre y castiga.

Las adicciones, al principio, pueden ser complejas de detectar, pero con algo de práctica van apareciendo de una forma más accesible. Especialmente porque sobre muchas de ellas tenemos valoraciones positivas, como el éxito profesional, el dinero, el reconocimiento social o el consumo moderado de alcohol; por lo tanto, no las escondemos ni las disfrazamos.

También utilizamos la adicción como mecanismo para deslindar responsabilidades, banalizando la gravedad de la adicción en sí misma. Todos conocemos familias de alcohólicos en las que la familia entera hace de cuenta durante años, incluso durante generaciones, de que el alcoholismo no existe en dicha familia. Escucho, con inusitada frecuencia, los relatos de consultantes que pretenden que les crea que el padre o la madre "a veces tomaba un poquito". Del mismo modo, hay varones y mujeres que siempre tienen una buena justificación a mano para explicar por qué las horas de trabajo son imposibles de reducir a pesar de que la pareja o el vínculo con los hijos se están deteriorando. Las adicciones avaladas socialmente son posiblemente las más tóxicas. Y las más difíciles de detectar son las que compartimos los adultos con los niños.

El problema de la adicción es que permanecemos **prisioneros de una necesidad infantil**, sin discernir que ésa es la realidad emocional, que no podemos decidir nada con autonomía y que nos encontramos sin herramientas para salir del circuito. Es imprescindible comprender que **incorporemos lo que incorporemos, ya no devoraremos a mamá**. Ésa es historia antigua, que merece una profunda comprensión y un delicado trabajo de regresión y sanación.

Esta modalidad encuentra identificación tanto en mujeres como en varones.

La vivencia de voracidad desde el lugar de la madre

¿Por qué una madre cualquiera no estaría dispuesta a ofrecer al niño todo lo que reclama? Porque la violencia emocional es una experiencia primaria, ahora reproducida automáticamente. Para la madre, el niño y su voracidad se vuelven **peligrosos**. Porque tal como hemos dicho anteriormente, **sólo hay lugar para uno**. Pero esto **es verdad sólo para la vivencia infantil**. El trabajo a realizar apunta a **descubrir que la presencia del niño no nos va a destruir, y que el deseo manifiesto del niño no atenta contra nuestra permanencia en el ámbito del intercambio afectivo**. No es verdad que el niño y su deseo terriblemente deseante (valga la redundancia) nos atacan. **Es verdad sólo desde la creencia que hemos construido a partir de la experiencia en nuestra primera infancia**. Esa creencia (matar o morir) nos permitió sobrevivir y llegar hasta aquí. Esa misma creencia hoy es un contrasentido.

El trabajo de integración de los lugares sombríos –en caso de que la madre pida ayuda– tiene que ver con reconocer y evaluar qué capacidad de escucha, aceptación e **inclusión** del deseo del otro puede tolerar. No es necesario encontrar soluciones inmediatas que apacigüen la **molestia** de la madre. Tampoco importa determinar lo que está bien o lo que está mal en relación con las actitudes del niño. O si es correcto o incorrecto lo que los padres decidan con respecto a las modalidades de crianza. Los padres suelen buscar alianzas en las consultas, con la esperanza de que el profesional les dé el "visto bueno" para dejar llorar al niño, ponerle límites o dejarle enseñanzas morales. Lo único que se pone en juego y que es necesario **develar** es si **el deseo del niño altera a su madre** al punto tal de hacerle perder su equilibrio emocional. Si entra en juego el "matar o morir".

En este punto, el primer movimiento será "aportar luz" a la conciencia. Comprender que cualquier demanda del niño se torna gigantesca **si la madre defiende su pequeñísimo campo emocional** como si el mundo fuera a acabar. Y que esta demanda del niño es **subjetivamente** voraz. Es verdad que se vuelve inmanejable para la madre, pero sólo **desde su vivencia infantil**. Entonces habrá que ingresar en la **totalidad de la biografía humana** de la madre en cuestión, revisar todas las construcciones psíquicas que ha organizado –sobre todo las creencias, opiniones e ideas– y, por supuesto, habrá que analizar la dinámica de la mayor cantidad posible de vínculos afectivos, para detectar modalidades repetitivas que nos darán una idea sobre cómo la mujer organiza su modo de vincularse. Será menester detectar si proviene de una historia de violencia emocional y tratar de identificar qué modalidad logró construir. Para esto será útil revisar las cuatro modalidades antes mencionadas.

Si no las revisamos y si no detectamos la violencia de la cual proviene la madre, ésta pretenderá conversar sobre qué está bien o qué está mal en la crianza del niño. Y, posiblemente, nos deslizaremos levantando las banderas que creamos mejores para la crianza de los niños, según nuestras creencias. Si en tanto madres queremos tener razón, siempre encontraremos un profesional que avale y certifique nuestra posición. Por eso no importa quién tiene razón; ésta no es una cuestión de razones, sino de convivencia de deseos. Ya sabemos que el único que se queda sin garantía escrita es el niño.

Es evidente que si una madre que consulta porque el niño es "demasiado demandante" o "no duerme de noche" o cualquier otro motivo más o menos potable que da cuenta de la vitalidad del niño; y si al organizar la biografía humana de la madre –y si es posible, la biografía humana del padre– detectamos diferentes grados de violencia en las historias primarias, bien, será imprudente "aconsejar" a la madre que lo materne más, lo cuide más, lo amamante más, lo tenga más a "upa" o lo mime, aunque sepamos que es justamente eso lo que necesita el bebé. ¿Por qué? Porque no le va a ser posible responder a nuestros consejos. Esta madre proviene de un universo violento y todos tenemos que comprender esas leyes antes de actuar.

Recordemos que, inconscientemente, la madre vive a este niño como su enemigo, que viene a robarle lo poco que pudo apropiarse del territorio afectivo. No es que la madre no pretenda ser la mejor madre. No conozco ninguna mujer en este mundo que no desee ser la mejor madre posible. El propósito será ayudar a esta madre a conocerse, a reconocer su verdadera historia, con el impacto profundo que sigue vibrando en su interior, signada a fuego por el desamparo y el vacío espiritual. Es imprescindible que reconozca su soledad, su desamparo, su adicción o su mecanismo de defensa, antes de pretender operar en beneficio del niño. Si no entra en profundo conocimiento de sus modalidades violentas, ya sean sutiles o concretas, es poco lo que podrá modificar en relación con el vínculo íntimo con el bebé. Si ella no se da cuenta de que es la primera necesitada, va a luchar contra las necesidades devoradoras del bebé. Cuando hay dos hambrientos, gana el más fuerte, porque lo único que importa es comer. No hay moral que gane la batalla.

Si pretendemos trabajar para favorecer vínculos más felices entre adultos y niños, no podemos pecar de ingenuos. No se trata de dar bonitos consejos ni de defender ideas –aunque sean de vanguardia– a favor de la lactancia, a favor de dormir con los niños o de acariciarlos al mejor estilo Shantala. Todo eso es precioso y acogedor. Pero quienes provenimos de historias de violencia emocional (casi todos, dicho sea de paso, para calmar los ánimos de los lectores) necesitamos re-correr y resignificar la historia personal, ahora que somos adultos y que podemos confrontar con los demonios sin morir en el intento. Entonces sabremos con qué contamos, qué sensaciones de muerte nos acompañan a cada instante, cuando otro se introduce en nuestro pequeñísimo campo emocional. Y sabremos que si el niño pequeño se introduce, es un "otro" aunque sea amado. Y que si pretendemos cambiar el curso de la historia familiar, será a costa de muchísimo coraje y enfrentamiento con nuestras creencias más arraigadas.

Trabajando con paciencia, sanando las heridas de la infancia y comprendiendo una y otra vez los rincones ocultos de cada historia personal... podremos, poco a poco, acompañar a la madre a experimentar "el dejarse fluir" dentro de la demanda del niño... **Así podrá constatar que el niño no la devora** en verdad, ni la destruye, ni la mata. Verá que si abandona la lucha (que nunca fue contra el hijo real, sino contra el "otro") sencillamente no habrá conflicto y comprobará que ni siquiera quedará más vulnerable que antes. Que todo esto es una fantasía basada en la vivencia infantil, pero no aplicable a la realidad actual y objetiva.

Me interesa destacar que es muy común que las madres nos sintamos devoradas por el niño pequeño y que siempre consideremos que la demanda es **excesiva**. Que no puede ser. Que creíamos que los bebés saludables sólo comen y duermen, pero nuestro hijo demanda exageradamente y de un modo fuera de lo normal. Este sentimiento de desmesura tiene que ver con la falta de entrenamiento en el altruismo y la dedicación exclusiva hacia un otro. La maternidad nos enseña justamente eso. Es hora de reconocer el desamparo de nuestra propia infancia y redimirlo. El niño viene a decir que él va a ser rey y único poseedor del territorio, que se nutrirá a su antojo hasta hartarse de leche, de mimos, de caricias y de cuerpo caliente.

Las madres que, inversamente a lo expresado con anterioridad, provienen de historias de amparo, de madres maternantes, de experiencias suaves de confort y brazos, no entran en contradicción profunda con la demanda del niño. No es que "ese" niño en particular no sea "demandante". Es que la madre no entra en contradicción con su propia identidad. No se siente morir cuando el niño la succiona. Puede "deshacerse" en el deseo del niño, porque internamente se sabe segura, sólida, completa, y su integridad no es patrimonio de nadie más que de sí misma. Entonces puede dormir con el niño, vivir con el niño a "upa", vincularse con el mundo sin desprenderse del hijo, ser ella misma sin sentir que se desdibuja. Claro que éstos son los casos más excepcionales. Y que de este modo es más sencillo ser mamá.

Pero si no es nuestro caso, tal vez nos toque forzar el rumbo de los destinos familiares, comprendiendo y esparciendo luz sobre nuestros sufrimientos pasados. Podemos así brindar a nuestros hijos un cambio que operará durante las próximas generaciones, a través de maternidades y paternidades libres de tantos miedos y amenazas, ofreciéndoles la posibilidad de vivir la vida con mayor alegría y confianza, y en paz consigo mismos.

Capítulo 5

Maternidad y adicción

La satisfacción de necesidades básicas.
Maternidad y abstinencia de mundo externo.
Adicción al café y a los encuentros sociales.
Los varones adictos a la energía femenina.
Las "soluciones mágicas" como adicción.

La satisfacción de necesidades básicas

Somos una sociedad adictiva, en el sentido de que estamos todos muy pendientes de lo que obtenemos, de lo que consumimos, de lo que incorporamos y, sobre todo, de lo que creemos que son nuestras "necesidades". Como hemos visto en el capítulo anterior, estamos casi todos **carentes de maternaje** en nuestras historias individuales. Con la suma de individuos dentro de un sistema carente, establecemos un funcionamiento colectivo acorde.

Creo que nuestra cultura avanza cada vez más hacia el egoísmo, la falta de mirada hacia el otro y la comodidad personal. Es común que los individuos modernos y urbanos tengamos como objetivos de vida tener un buen trabajo y ganar lo suficiente para aumentar el confort. Luego, el confort viene de la mano del consumo. Por otra parte, cuando logramos comprar un objeto, desearemos otro similar, más grande y bonito. Y lo mismo con un auto o con el destino de las vacaciones. Una vez obtenido y consumido un placer confortable, anhelamos uno más grande. Y así se nos va la vida.

¿Por qué nos pasa esto? ¿Qué es lo que necesitamos incorporar en realidad?

Personalmente, creo que tiene que ver con la calidad de maternaje que hemos recibido. Incluyo en la palabra "maternaje" no sólo lo que nuestra mamá real ha hecho con nosotros, sino la totalidad de situaciones de amparo, cuidado y sostén que hemos recibido –o no– en nuestra primera infancia.

Un bebé es un ser **necesitado**. Necesita indiscutiblemente ser cuidado, sostenido, alimentado, tocado, abrazado, amado. No hay estructuración psíquica saludable sin que esto ocurra. La mayoría de nosotros no somos satisfechos en nuestras necesidades originales, porque la cultura, la moda o las opiniones que circulan y que adoptamos así lo establecen. Y esto es muy real en los últimos siglos de "cultura" occidental. También a causa de la discapacidad de prodigarnos amparo de nuestras propias madres que, a su vez, no fueron suficientemente maternadas por sus propias madres que, a su vez, cargan con historias difíciles de soledad y desamparo. Y así transgeneracionalmente.

En tanto bebés, tenemos algunas opciones para sortear estas dificultades: la primera es enfermarnos. Esto es muy fácil de constatar. A esta enfermedad la llamaremos "hecho desplazado", porque el adulto que nos cuida comienza a tomar en cuenta la enfermedad, pero no la totalidad del bebé necesitado. Otra opción es hacer otros pedidos más "escuchables" para el adulto: llorar, no dormir, vomitar, tener reacciones bizarras, etc. Y la última opción es adaptarnos. Es decir, hacer de cuenta que no necesitamos eso que necesitamos. Y así logramos sobrevivir.

Que hayamos sobrevivido disminuyendo las demandas, significa que hemos **relegado a algún lugar sombrío las necesidades básicas que no han sido satisfechas**. Pero éstas **no desaparecen**. Sólo desaparecen para la conciencia. La vivencia más profunda, desplazada al inconsciente, es la de seguir estando necesitados.

La confusión aparece porque mientras tanto vamos creciendo. Un niño de tres años ya no puede llorar como un bebé recién nacido; a los seis años, mucho menos. Aprendemos a pedir sólo lo que los adultos están dispuestos a escuchar, porque ya estamos entrenados para no pedir lo que no corresponde. Además, de todas maneras, no lo obtendremos. Así, nos alejamos de nuestras genuinas necesidades personales, que ya no registramos, no conocemos ni reconocemos en nosotros. Es una manera de desconocernos a nosotros mismos. Por eso podemos afirmar que el **desconocimiento de sí mismo se instaura en la infancia.**

Al mismo tiempo, nos entrenamos para estar siempre atentos a cualquier necesidad que pueda surgir, para autosatisfacerla **inmediatamente.** Éste es un punto clave: **la inmediatez.** Así como el bebé necesita el pecho "ya", el niño o adulto eternamente necesitado, lo que sea que necesite, lo necesita "ya". No importa qué sustancias tenga que incorporar para satisfacer su necesidad. Sólo sabe que tiene que ser pronto, a cualquier precio. De lo contrario, el dolor al que remite es insoportable.

Es menester pensar que **nuestros padres son también esa clase de niños necesitados.** Nos educaron seguramente con las mejores intenciones y creyendo hacer todo lo correcto. Pero, inconscientemente, **antepusieron** sus propias necesidades a las de cualquier otro individuo. No puede ser de otra manera. Es como pedirle a un bebé que espere. Es imposible. Es desgarrador.

Quiero recalcar que la mayoría de los individuos, en este sentido, somos emocionalmente bebés. Es decir, necesitamos satisfacer **prioritariamente** las propias necesidades.

Entonces, podemos darnos cuenta de qué significado adquiere lo que mayormente hemos experimentado siendo niños: padres especialmente ocupados en satisfacer sus propias necesidades, por lo tanto, con poco espacio psíquico y emocional para satisfacer las necesidades genuinas que teníamos en tanto niños.

Así las cosas, siendo niños hemos aprendido a satisfacer nuestras necesidades emocionales –me refiero al contacto, la mirada del adulto, la comprensión, el diálogo y el acompañamiento en el descubrimiento del mundo externo– desplazándolas hacia sustancias u objetos que podíamos "incorporar". **Al no poder incorporar "mamá", fuimos incorporando "sustitutos".** Desesperadamente.

El tema de la desesperación es también una cuestión central. Porque **no hay términos medios en la necesidad primaria.** Al igual que un bebé, que se desespera en ausencia del pecho materno, todo individuo necesitado tiene la urgencia de obtener la sustancia o el objeto desplazado para calmarse.

Por eso, podemos comprender que, hoy en día, nuestra vida cotidiana esté regulada por **la adicción al consumo** –desesperado– de comida, dulces, cigarrillos, alcohol, drogas duras, psicofármacos o trabajo. También entramos en relación dependiente y compulsiva con la televisión, el "chateo" por Internet, las llamadas permanentes por teléfonos celulares o el vínculo obsesivo y eterno con los jueguitos electrónicos. Como esta modalidad de consumo constante es global, resulta muy difícil detectar la patología de las conductas individuales. Pero podemos afirmar que todas **estas conductas que reflejan la necesidad de "incorporar vorazmente" lo que sea para sobrevivir, son desplazamientos de necesidades primarias que no han sido satisfechas.**

Para no permanecer lamentándonos de nuestro pasado, me interesa reflexionar sobre lo siguiente: **nosotros, esos niños necesitados nos hemos convertido en los adultos que somos.** Continuamos siempre atentos a satisfacer como sea nuestras necesidades ocultas. No importa que pertenezcan a nuestra infancia, porque para nuestra estructura psíquica siguen siendo tan prioritarias como cuando éramos niños. O sea que estamos sobre todo pendientes de lo que necesitamos: creemos que se trata de dinero, ascenso social, buen trabajo, casa, vacaciones, objetos de confort, ropa, discos compactos o acceso al cine. En realidad, no se trata de nada de esto. Estamos huérfanos de "mamá", de "maternaje primario". **Pero no lo sabemos.** Y no saberlo es el gran problema. Porque continuamos desplazando nuestras supuestas "necesidades" hacia todo tipo de actividades y objetos que creemos que son indispensables para vivir. ¿Cómo nos podemos dar cuenta de que son objetos desplazados? Porque no importa con cuánta comida nos atiborremos, cuántos cigarrillos fumemos o cuántas casas compremos... siempre necesitaremos más. Lamentablemente, aun obteniendo reconocimiento, éxito o dinero, **nunca obtendremos más "mamá"**.

Con este panorama desalentador... ¿qué capacidad emocional tenemos para dedicarnos a maternar y paternar a un bebé que llega al mundo con una voracidad espectacular?

Muy poca capacidad, obviamente.

Porque vamos a anteponer –inconscientemente, es cierto– nuestras necesidades emocionales a las necesidades inmensas e incomprensibles del bebé.

De hecho, cada vez que escucho a un bebé llorar, le pregunto a la mamá por qué llora. Casi siempre, invariablemente me contesta: "Porque quiere teta". Entonces replico: "¿Y por qué no se la ofrecés?". Luego vienen respuestas diversas sobre indicaciones del pediatra y justificaciones varias que no me importan en absoluto. Lo único que me importa es constatar que esa madre reciente no está dispuesta a darle prioridad a la demanda del bebé, sencillamente porque siempre le dio prioridad a la propia. ¿Por qué? Porque es –antes que nada– **una gran necesitada**.

Así continuamos, a través de los débiles maternajes, los circuitos de adicción: incorporación de sustancias desplazadas, autosatisfacción y necesidad repetitiva de volver a incorporar sustancias desplazadas. Esto se traduce en incapacidad de mirar más allá de las propias narices. Así no podemos satisfacer las necesidades genuinas de los niños pequeños, esperando que algún día tengan la "panza tan llena" (emocionalmente hablando) como para que sean capaces de mirar al prójimo y darles prioridad a los demás, en lugar de darle prioridad siempre al ego.

La innumerable cantidad de preconceptos, opiniones y consejos que circulan sobre la crianza de los niños están supeditados a la comodidad de los adultos. Todo individuo que necesita –desesperadamente– satisfacer primero sus necesidades va a buscar su propia comodidad. A través de las generaciones, repetimos estos circuitos de hambre emocional.

Ahora bien, si nos interesa de verdad criar niños seguros y libres, estaremos obligados a reconocer, antes que nada, nuestras discapacidades y desvalimientos primarios. Comprender y alimentar nuestro ser interior hambriento. Pero no con comida, trabajo, ni televisión, sino con **conciencia**. Con **comprensión de la propia historia vital**. Entonces, tal vez podamos resarcirnos y estar atentos a qué necesita el otro. Que en tanto otro, necesita algo **distinto** que nosotros. Y si nos resulta intolerable responder a las necesidades del otro, sabremos pedir ayuda. **No para que ese otro se calme. Sino para calmarnos nosotros ante nuestra necesidad devoradora.**

La crianza de los niños pequeños necesita altruismo, generosidad y dedicación: todas **virtudes despojadas de necesidades individuales**.

Maternidad y abstinencia de mundo externo

Tal como hemos visto en el capítulo anterior, la adicción es una forma invisible de **violencia** emocional, de desamparo original. Esa necesidad primaria no satisfecha en la infancia, creemos poder colmarla introduciendo en nuestra vida lo que sea.

Una de las adicciones más invisibles y poderosas es la que compartimos casi todos los individuos que vivimos en regiones urbanas: la de "pertenecer". A una clase social, a un trabajo, a un grupo de amigos, a un club, a un partido político, a una forma de pensar. Así vamos construyendo una identidad en el mundo externo, que, básicamente, se organiza según cómo deseamos que "nos vean".

De este modo, el mundo externo deviene ultra "necesario" para nuestro ego. Nos alimentamos cotidianamente de las experiencias de ese mundo concreto, reflejado en nuestra interacción con los demás.

Con la aparición del bebé, la madre reciente padece una situación vivida como muy restrictiva: tiene que ver con la **abstinencia de mundo externo**. Una mamá que materna a su hijo no está en condiciones de "consumir" lugares sociales, cines, restaurantes, reuniones de amigos, televisión, comida, cigarrillos (es lo esperable), drogas, demasiado trabajo, demasiado café, etc. Y esto es vivido por muchas mujeres muy insertas en la sociedad de consumo y, sobre todo, en la sociedad de trabajo, como una limitación muy hostil. Se vive como un obstáculo para la realización personal. Es un lugar de identidad que se pierde, sin que la madre reconozca qué es exactamente lo que está perdiendo.

Las drogas a las que nos sometemos pueden ser invisibles, como es el caso de un trabajo vertiginoso y con grandes responsabilidades que aporta, consecuentemente, gran reconocimiento. A veces "damos la vida" por nuestro trabajo, porque nos apasiona, nos alienta o nos valoriza. Por eso es difícil reconocer que puede convertirse en **droga**. La pista está en ver si alguna vez somos capaces de "elegir" no trabajar o disminuir la responsabilidad o el tiempo de dedicación. Si somos capaces de "elegir" ganar menos dinero. Con frecuencia, el trabajo nos elige a nosotros.

Lo mismo pasa con una droga tan invisible como la necesidad de "divertirse". Siempre. Y escapamos de la posibilidad de pasar un sábado a la noche a solas. Otra droga invisible puede ser la televisión. Nos quejamos de la cantidad de horas que los niños pasan frente a la pantalla del televisor... sin cronometrar las horas que pasamos los adultos. O el uso de Internet: vale la pena observarnos a nosotros mismos el día en que el "servidor" tuvo un percance técnico o bien un "virus" hizo su entrada en nuestra computadora personal. O la ansiedad que nos provoca darnos cuenta de que hemos olvidado el teléfono celular en casa. Todo esto puede ser catastrófico, comparable al diluvio universal. Cuando esto nos acontece, somos adictos. No podemos vivir sin. Si estos elementos o la comida que ingerimos o el café o el mate que bebemos, son indispensables para vivir... tenemos un problema, pero no lo detectamos... hasta que aparece el bebé. El bebé "no nos deja" vivir dependientes de la droga. Y esto, paradójicamente, es saludable.

El puerperio es un período de abstinencia de todo lo que aporta el mundo externo.

Por eso podemos pensar este período de abstinencia como una época de **curación**. Un poco forzada, es verdad. Como toda abstinencia. Pero cada día que pasa, es un día ganado al consumo y al poder que le otorgamos al "mundo externo" sobre nosotras. Esa droga insospechada, que dirige nuestras vidas y que nos hechiza haciéndonos creer que es indispensable para vivir, de pronto da un paso al costado. Entonces, como en toda abstinencia, aparecen valores personales, fortalezas y dolores emocionales que nos muestran otros aspectos del ser esencial de cada mujer.

Si una mujer ha respirado cada día "reconocimiento social" y si luego, con un bebé en brazos, encerrada entre cuatro paredes, nadie la está adulando, **la primera vivencia será de pérdida.** Si logra atravesarla, verá que no se muere. Sólo va muriendo su creencia: la de necesitar esa situación para sobrevivir. Esa vivencia es **real sólo para la niña que vive en su interior** y que, desamparada y huérfana, necesitó "llenar" la totalidad de sus vacíos emocionales con reconocimiento social. Pero la adulta que hoy también vibra en su interior, si es valiente, puede experimentar que no necesita nada externo, que ella "es" vacío. Y vivir la abstinencia, la soledad y el desapego de las sustancias o las circunstancias que creíamos vitales, nos fortalece. Nos hace reencontrar el verdadero "yo interior".

El encuentro silencioso con nosotras mismas, despojado de ruidos, distracción, estrés, apuros y mensajes que aparecen incansablemente en la pantalla de la computadora, nos invita a un ayuno espiritual. A decir "no". Ahora no. Así como los ayunos purgan, limpian el organismo y ayudan a eliminar las toxinas, de tanto en tanto necesitamos ayuno de vida cotidiana, de trabajo y de obligaciones sociales. Esto nos permite salir del mecanismo automático de introducir algo o hacer algo para "sentirnos vivos".

Con un bebé a cuestas entramos en un convento interior. Estamos obligadas a guardar silencio. A llevar un ritmo de sueño, vigilia, alimentación e higiene pautados por el ritmo del bebé. La "dieta" es rigurosa y cada vez que no la cumplimos, pagamos precios altos. Es como "caer en la tentación" del cigarrillo o el exceso de comida y luego sentirse terriblemente mal. Porque el goce que creímos encontrar fue escaso para nuestras expectativas; en cambio, el desequilibrio posterior fue demasiado importante. Esto es vivido al principio como restricción. Si nos oponemos, si entramos en lucha contra esta realidad, estaremos en permanente queja, porque la vida cotidiana se ve desfavorecida. Pero si nos dejamos llevar suavemente, con aceptación y alegría, la abstinencia se convertirá en un camino lleno de tesoros escondidos. Porque conoceremos otros aspectos de nuestro yo interior, antes inexplorados.

Frecuentemente, las madres le damos prioridad a la introducción de droga en lugar de responder a las demandas incomprensibles del bebé. Y esto no es una acusación, es una simple constatación. Podemos justificar de mil maneras que no es posible desconectarse de Internet, perder conexiones de trabajo, o lo que sea. Siempre es imprescindible –desde la vivencia infantil– incorporar lo que creemos que es vital. Es por eso que los adultos que hemos sido desamparados en la infancia y luego nos pasamos la vida tratando de compensar esa ausencia incorporando lo que sea, daremos **mayor importancia a la propia vitalidad en detrimento de las necesidades del bebé.**

De este modo, nos amparamos en teorías que justifican nuestra comodidad: "los niños no se tienen que malacostumbrar", "no hay que alzarlos a 'upa'", "deben dormir en sus habitaciones toda la noche", "deben educarse en el respeto hacia los adultos" y otras afirmaciones del estilo que avalan nuestras necesidades primarias, pero desatienden las necesidades de los niños pequeños. De este modo, estos niños desatendidos, a su vez necesitan incorporar lo que tengan al alcance de la mano, ya sea comida (tipo "chatarra", dulces, golosinas), televisión, jueguitos electrónicos o juguetes comprados compulsivamente por los padres ante las demandas compulsivas de los niños. Luego, se convertirán en adultos que siempre van a dar prioridad a sus propias necesidades porque quedarán eternamente insatisfechos. Las discapacidades para escuchar e incorporar al otro con sus deseos genuinos organizan una rueda de desatenciones que circula de generación en generación, y reproducen siempre lo mismo: sólo mirada para sí mismo y sordera y ceguera con respecto al otro. De este modo, los niños aprenden a vincularse con los demás como sus padres se han vinculado con ellos: con muy poca capacidad para mirar al prójimo, amarlo y comprenderlo. Y el día que se conviertan en madres o padres, no habrán desarrollado la capacidad de dar, escuchar, atender y estar **a favor de las necesidades del otro**. Por generaciones repetimos esta modalidad de padres a hijos y éstos a sus propios hijos, indefinidamente.

Por eso no se trata de teorías de crianza o de maternaje, ni de lo que es correcto o incorrecto hacer para ser buenos padres. Se trata de capacidades a desarrollar que pueden ser adquiridas en la medida que abordemos la **abstinencia de droga emocional**. Una vez liberados de esa droga, recién podremos vislumbrar el altruismo, la generosidad y el amor al prójimo que están esperando nuestros hijos.

Adicción al café y a los encuentros sociales

Las mujeres hemos conquistado las calles. A las más jóvenes les puede resultar una expresión vacía de sentido, pero recordemos que hace sólo dos generaciones, las mujeres hemos aprendido a movernos con libertad en las ciudades, hemos logrado acceder a puestos de trabajo históricamente masculinos, ocupar lugares en la política y en cargos empresariales. Es verdad que aún hay mucho por hacer... ya que todavía no es lo mismo ser varón que ser mujer en un mundo que continúa siendo culturalmente masculino.

Las mujeres, al entrar al mundo regido por parámetros masculinos, hemos adoptado costumbres, maneras y códigos necesarios para ser aceptadas y tratadas "como pares".

Para sostener por muchas horas la lucidez intelectual, hemos aprendido a adorar el café. Y nos hemos adueñado de bares y confiterías, incluso a veces se han convertido en nuestras oficinas alternativas, en lugares de pensamiento y de encuentro social. Al punto tal que no podemos vivir sin el café que nos "despierta", que nos da una –falsa– energía, que nos estimula y nos permite "seguir en carrera".

¿Acaso es tan importante la adicción al café como para nombrarla específicamente en esta reflexión sobre la maternidad y la necesidad que tenemos de mundo externo? Me importa decir que, entre muchas otras cosas, **el consumo de café aumenta la esterilidad femenina.** Y esto tiene su lógica: **pensamiento lúcido (café) versus concepción de embriones (agua).** No quiero decir que a las mujeres nos conviene ser idiotas, pensar poco y vivir fuera del mundo si queremos concebir y criar niños. No. Pero sería óptimo que encontremos **una manera femenina** de desarrollar la inteligencia y el pensamiento racional. Porque dentro de la necesaria adaptación que las mujeres hacemos para pertenecer al mundo pautado en masculino, olvidamos el hilo invisible que nos une con esos lugares suaves y delicados de nuestra alma femenina. Para colmo, creemos que esos aspectos femeninos quedaron obsoletos y que ya no los necesitamos. Por eso nos aferramos con desesperación –una vez más– a lo socialmente aceptado como moderno y sagaz. La lucidez y la velocidad mental son atractivos muy beneficiosos para pertenecer al mundo de las ideas y el intercambio social y laboral. Y no podemos quedar fuera.

La cafeína es una droga muy popular en todo el mundo. Las mujeres occidentales bebemos litros de bebidas que contienen cafeína (además del café propiamente dicho) en bebidas no alcohólicas como las gaseosas. En la composición de cientos de medicamentos patentados también hay cafeína. La mayoría de las embarazadas consume cafeína, incluso sin saberlo. La cafeína estimula el sistema nervioso central, produce mayor agudeza mental al comienzo, pero una vez pasado el primer efecto puede producir cansancio y confusión mental.

El café es prácticamente anfitrión en las oficinas, donde miles de mujeres trabajamos todo el día al lado de los varones, con el mismo ritmo y la misma atención mental. También está presente en toda reunión con otras personas, durante un pequeño descanso, en una escapada a la calle y al reanudar la labor después de un intervalo. El café nos mantiene masculinamente activas. La mente se acelera y al regresar a casa, posiblemente el cansancio sea enorme, pero eso no significa que la mente se haya apaciguado.

Hay mujeres tan sensibles a la cafeína que al comer un trozo de chocolate (que contiene cafeína) enseguida sienten sensibles los pechos, sobre todo antes de las menstruaciones. En general, la cafeína irrita las mamas. También vale la pena estar atentas a la cantidad de fluido vaginal que suele reducirse considerablemente cuando abandonamos la ingesta de café. Seguramente, las mujeres atentas y sensibles podremos determinar los cambios sutiles del cuerpo de cada una cuando abandonamos esta droga.

Estar "despiertas" gracias a la ingesta de café, no significa necesariamente estar en contacto con los lugares más sutiles y lúcidos de nuestra conciencia.

Si hacemos la prueba de no tomar café por varios días, es probable que tengamos fuertes dolores de cabeza: eso nos da señal de la adicción. Los dolores de cabeza son prolongados en el período de abstinencia de cafeína. Eliminar o reducir la cafeína es un modo de acercarnos a nosotras mismas, de conocernos más, de estar atentas a nuestras reacciones corporales y emocionales. Creo que vale la pena tomarse esto en serio, especialmente si estamos planeando un embarazo. Y, sobre todo, si el embarazo no se produce con facilidad. Es bastante sencillo darse cuenta de que **la velocidad mental no empalma con la disponibilidad para la concepción.**

Personalmente, confieso que me gusta mucho el café, aunque lo que aprecio especialmente es la libertad que me otorgo al sentarme sola en algún precioso bar de Buenos Aires –que, dicho sea de paso, es una de las cosas más lindas que tiene esta ciudad– lejos de los reclamos hogareños y de las obligaciones profesionales. Porque soy una mujer como cualquiera, muy acostumbrada a satisfacer las necesidades de todo aquel que entra en mi circuito energético. Por eso, de vez en cuando, me encanta saborear un café con una deliciosa medialuna, leer un diario ¡sola! ¡Y vivir un instante totalmente feliz!

Pero admito que he comprobado los efectos de ir reduciendo la ingesta de café, a costa de voluntad y de un pequeño aumento de peso. Asombrosamente, he logrado estar mucho más lúcida, cansarme menos y lograr una atención mental sostenida una vez que abandoné el café como droga cotidiana. Ahora reservo el café para algunos momentos de placer **elegidos.** Por otra parte, he recomendado abandonar el café a algunas mujeres con dificultades para lograr el embarazo... y han quedado embarazadas. No quiero sacar ninguna conclusión de este hecho. Es una simple recomendación, para que cada mujer encuentre maneras de estar más cerca de sí misma, busque menos situaciones que la obliguen a producir adrenalina en el cuerpo y permanezca física y emocionalmente disponible para la concepción.

Por otra parte, el **cigarrillo** también se ha convertido en el **aliado** de lujo para las mujeres que necesitamos entrar en los lugares históricamente reservados a los varones, sintiendo un apoyo sutil, pero siempre a mano, que nos otorga valor, presencia, seguridad y buen porte. Las mujeres que hemos logrado puestos de jerarquía en las empresas o que hemos trabajado incansablemente para alcanzar el éxito en empresas personales, nos seguimos apoyando en el cigarrillo como símbolo de supremacía y virilidad. Esto es innegable, ya que la autoridad como arquetipo la entendemos sólo en su modalidad masculina y aún no hemos desarrollado un modo de autoridad femenina que no esté sólo ligado al hecho maternal. Posiblemente necesitemos muchos años para encontrar, en tanto género, un modo sutilmente femenino de trabajar, de tomar decisiones y de vincularnos en los ámbitos sociales, partiendo del poder femenino que nos constituye, sin necesidad de apoyarnos en sustancias tan tóxicas para desplegar nuestro ser en el mundo.

No es casual que el cigarrillo también atente particularmente contra la concepción. Sin embargo, las mujeres fumamos cada vez más. Estas sustancias que aparentemente nos otorgan libertad y movilidad en el mundo masculino, en realidad nos arrojan fuera de nuestras fortalezas femeninas.

Como todas las adicciones, las sustancias adictivas nos aportan seguridad, es decir, nos aportan **"mamá"**. Y al confrontar con situaciones nuevas, como puede ser una reunión social donde no conocemos a nadie salvo al anfitrión, una junta laboral, una posibilidad de trabajo o de estudio, en fin, una situación "nueva" y fuera de la rutina cotidiana, nos amparamos en la sustancia adictiva para soportar el estrés. Así como el niño se ampara en los brazos de la madre o se enreda entre los pantalones de la mamá cuando se trata de entrar en un lugar desconocido. Cuanto más amparo hemos tenido por parte de nuestra madre en el acompañamiento a los "lugares desconocidos", menos necesidad tendremos –siendo grandes– de ampararnos en ridículos sustitutos para acceder a algo "tan peligroso" como una cena con algunos desconocidos.

Una vez más, quiero demostrar que la adicción, en cualquier de sus formas, es reflejo de necesidades infantiles no satisfechas. Y cuánto dinero, cuánta salud y cuánto placer nos estaríamos ahorrando si sencillamente nuestra madre nos hubiera llevado más tiempo en brazos y hubiese estado atenta a nuestros genuinos reclamos. Y qué fácil es allanar hoy el camino de nuestros hijos, qué fácil es oírlos y alzarlos, dándonos cuenta de que, simplemente por eso, se convertirán en hombres y mujeres saludables, vigorosos y seguros de sí mismos.

Los varones adictos a la energía femenina

Si pensamos la adicción como un fenómeno donde el individuo necesita desesperadamente introducir algo para "nutrirse" (análogamente al bebé que tiene que nutrirse de alimento y de presencia materna, siempre, indefectiblemente), muy frecuentemente nos alimentamos de la energía del otro.

Las mujeres –bajo la cultura masculina, donde lo femenino y lo maternal están equivocadamente ligados, como si fueran lo mismo– solemos entrar en los vínculos como si toda relación amorosa fuese un vínculo maternal, es decir, que el hecho de dar, amparar, proteger, cuidar y alimentar sin pedir nada a cambio –como sucede en el vínculo de una madre **hacia** su hijo– conforman, inconscientemente, los a-cuerdos no verbales de una pareja. A su vez, cuanto más estamos dispuestas y acostumbradas **a dar sin pedir nada a cambio**, es frecuente que nos vinculemos con hombres que **necesitan mucho** y que **mueren de amor** por una mujer tan dedicada a satisfacer sus necesidades emocionales inconscientes. Durante la etapa de enamoramiento, tal como lo he descrito en mi libro *Puerperios y otras exploraciones del alma femenina*, no aparece el desequilibrio. El problema se manifiesta cuando aparece un niño que **compite** con las necesidades emocionales del padre. Generalmente, insisto, estas necesidades son inconscientes, por eso es tan difícil detectarlas, salvo en el momento en que ya producen sufrimiento en la pareja.

¿Qué tiene que ver esto con la adicción? En que el varón en cuestión, **es adicto a la satisfacción permanente de toda necesidad, consciente o inconsciente, que se le active.** Por otra parte, cuenta con la experiencia del placer que le otorga estar siempre satisfecho, **inmediatamente.** La inmediatez no es un dato menor cuando decidimos observar estos fenómenos, ya que podemos reconocer una adicción, justamente cuando no hay paciencia para esperar a que le llegue su turno. En este sentido, quiero recalcar que es inhumano pedirle paciencia a un bebé, ya que las **necesidades de un bebé deben ser satisfechas** lo antes posible. Justamente, cuando esto no ha sucedido en nuestra infancia, trasladamos la desesperación por la saciedad inmediata, a todas las circunstancias en nuestra vida adulta y, muy especialmente, sobre la persona en quien hemos depositado nuestra fantasía de "persona maternante que satisface mis necesidades". Si esta persona es la madre de mis hijos, estoy en un grave problema.

Desde esta realidad emocional que es muy dura de sostener, ya que la sensación de vacío y de muerte espiritual vibra a cada instante... es sencillo organizar teorías psicológicas y masculinas que pauten los horarios de lactancia del bebé o la separación temprana o la defensa de dejarlo llorar hasta que se calme. Porque si **el bebé aprende a calmarse solo... lo dejo fuera de la competencia.** Y, como varón, puedo volver a ocupar el sitio que conseguí con esfuerzo y seducción: ser el único preferido de esa mujer-madre que necesito toda para mí.

Cuando algunos varones se apropian de toda la energía disponible de la mujer que aman, suelen vaciar a la mujer de fuerza, deseos, creatividad y empuje, a menos que la mujer desvíe todas esas virtudes **sólo** en beneficio del varón. Afinando la percepción, es bastante fácil reconocer mujeres muy "succionadas", no tanto por el desgaste de criar niños, sino, sobre todo, por intentar satisfacer a toda costa innumerables necesidades emocionales invisibles de un adulto que debería estar a la par durante una crisis tan profunda como la maternidad y la paternidad.

Quiero recalcar que éste es un juego de a dos: la mujer que ampara está tan necesitada de "ser" en la medida que "cuida", como el varón cree que "es" en la medida que recibe atención y satisface sus necesidades emocionales invisibles, gracias a la presencia de una mujer "siempre" disponible.

Es obvio que estas parejas –mucho más comunes de lo que creemos– entran en profundas crisis cuando aparece un hijo. El método más utilizado es el de **sacar al niño de la escena**. Casi todas las teorías psicológicas lo avalan. El problema de esta solución es que ese niño no suficientemente maternado se convertirá en **un adulto adicto –es decir, necesitado–**, incapaz luego de organizar vínculos con cierto equilibrio en el intercambio amoroso. Por lo tanto, no solucionamos nada, sólo perpetuamos los síntomas de generación en generación.

Los varones –con mayor frecuencia que las mujeres– buscan alianzas o justificaciones para "sacar al niño del medio". Por eso, el famoso tema de "los límites" está tan de moda. Y, por eso, la paciencia es una virtud tan poco desarrollada en los padres. Es verdad que los niños pequeños necesitan mucho, por definición de "niños". Y que no podemos colmar todas sus necesidades. Y que cada uno de nosotros tiene también sus limitaciones y eso es saludable. Pero ampararnos en que el niño "debe" acostumbrarse a favor de nuestro propio beneficio es engañoso.

Cuando devenimos padres, la atención debe centrarse en cómo ampliar nuestras capacidades altruistas, nuestra paciencia y nuestra dedicación al otro. Es anteponer la necesidad del otro a la propia. Y eso es posible sólo si comprendemos que nuestra **falta** es primaria, pertenece al niño interior que vive en nosotros y que el adulto que somos tiene que hacerse cargo. No podemos descargar nuestras necesidades infantiles en el niño recién nacido ni usarlo para satisfacernos.

Pretender –desde el lugar de varón– que la mujer que amo siga ocupándose de mí como si fuese mi madre, satisfaciendo la totalidad de mis necesidades emocionales, sería posible sólo si hubiéramos **decidido no concebir hijos**. Pero si los niños son una realidad, estaremos obligados a trabajar con conciencia para no dejarlos desprovistos de la dedicación y el maternaje que merecen.

¿Qué hacer? Desde mi punto de vista, lo más provechoso es retomar la totalidad de la biografía humana de cada individuo –éste es un trabajo personal, no de la pareja– (según la explicación detallada descrita en *Puerperios y otras exploraciones del alma femenina*), hasta llegar a los puntos más inhóspitos de las experiencias infantiles. Ordenarlas con ayuda de un pensamiento lúcido y organizado. Comprender más y más cada experiencia y los beneficios ocultos que hemos adquirido de cada situación dolorosa. Comprender también cómo hemos organizado nuestra psique, nuestro modo de relacionarnos y, sobre todo, nuestras creencias. Echar luz sobre las identificaciones más sombrías. Y recién en esa instancia, iniciar un trabajo terapéutico de pareja. Se trata de conversar sobre los descubrimientos personales, en presencia de un tercero, para compartirlos, para comprenderlos y para aportar sostén y amor de uno hacia el otro y viceversa. **No creo que haya terapia de pareja posible sin un encuentro genuino sobre los lugares más sombríos de cada individuo.** De lo contrario, **las terapias se convierten en lugares de negociación, pero no en lugares de encuentro con la propia sombra** y de generosidad al compartir esos descubrimientos íntimos.

No siempre es el varón el "necesitado" dentro de la pareja, aunque hago referencia a estos casos, ya que me asombra encontrarlos tan frecuentemente. Cuando la mujer es la gran necesitada, generalmente siente al niño como alguien "demasiado" demandante y envidia la "libertad" del varón que se va a trabajar y que logra "salvarse" de este ámbito carcelario. En cambio, nosotras quedamos "atrapadas" con el niño en casa, con lo que aumentan nuestra ira y nuestros reclamos, imposibles de satisfacer. En estos casos el varón suele intentar complacernos haciendo lo posible para que obtengamos mayor confort, más ayuda en la casa, más brazos, más compañía, más vacaciones; pero nosotras persistimos ahogadas y furiosas. Y será difícil "salir del circuito" si, como pareja, no comprendemos que se trata de reclamos infantiles muy antiguos, que necesitamos reconocer con honestidad y mayor conciencia. De lo contrario, nunca llegará el turno del niño pequeño que merece, aquí y ahora, los brazos disponibles de su madre.

Más penoso aun es cuando una madre y un padre somos **ambos** terriblemente necesitados y totalmente incapacitados para reconocer en el niño una necesidad diferente de la nuestra. Apenas logramos sobrevivir con nuestros propios agujeros emocionales, casi sin inmiscuirnos afectivamente entre nosotros dos. Dentro de estas parejas solemos ponernos de acuerdo rápidamente sobre los caprichos del niño, arrojándolo al campo enemigo. También encontramos fácilmente profesionales que nos avalen y ahí se terminó el asunto para nosotros.

La pareja es un campo de proyección muy valioso, por eso es frecuente que, gracias a los conflictos de pareja, nos demos cuenta de que "algo" necesitamos revisar sobre nuestros problemas. En ese sentido son bienvenidos. Pero cada miembro de la pareja tiene que alcanzar un cierto grado de honestidad consigo mismo, para estar dispuesto a entregar su alma y comprender abiertamente el sufrimiento de la persona que ama, además del propio.

Las "soluciones mágicas" como adicción

Estoy haciendo las correcciones del presente libro durante el año 2005. En los últimos tiempos, han aumentado desmedidamente los llamados a Crianza, la institución que dirijo, donde efectivamente trabaja conmigo un equipo de profesionales que asiste a las madres y padres que consultan.

Estamos en un momento extraño, porque no podemos satisfacer la enorme cantidad de demandas, siendo todas nosotras mujeres con una limitada capacidad de horas de trabajo y de disponibilidad emocional. Por eso, estamos comenzando a ofrecer alternativas y modos de funcionamiento acordes con la realidad actual, ya que ha quedado obsoleto el modo de trabajo que veníamos implementando.

Me ha llamado la atención el **enojo** que esto produce en las mujeres y varones que consultan, cuando no pueden obtener **ya**, inmediatamente, una respuesta. Comprendo y es natural que la mayoría de las personas explique largamente a la secretaria los motivos por los cuales le resulta imprescindible conseguir un turno **ahora** y, en algunos casos, suele explicar brevemente el motivo de consulta para conseguir una solución de emergencia.

Con la facilidad y la inmediatez que nos aporta Internet, esa maravillosa y mágica herramienta de comunicación, las consultas se multiplican piramidalmente. Personalmente dedico varias horas por día, incluso fines de semana –para no retomar el lunes con correo atrasado– a responder con la mayor dedicación posible. La dificultad radica en que las mujeres parecen estar **sólo interesadas** en el último problema que tienen con sus hijos, asunto que describen con lujo de detalles, pretendiendo una respuesta precisa para esa preocupación en particular.

El apego a la solución mágica es, en este sentido, similar a la respuesta inmediata de leche o de brazos que hemos esperado siendo bebés, que hubiera compensado toda la falta, que no hemos obtenido y que seguimos esperando desplazadamente en la actualidad. Sólo dentro de la sensación de obtener **inmediatamente** lo que necesito, puedo tranquilizarme. Caso contrario, mi furia es desmedida.

Es evidente que la indignación y el fastidio que provoca una respuesta en la que no se puede satisfacer **ya** una demanda –en este caso un turno para una consulta terapéutica o una respuesta exacta vía *e-mail*– remiten a enojos antiguos que poco tienen que ver con un camino de autoindagación personal.

Por otra parte, constato una y otra vez que la "urgencia" poco tiene que ver con una urgencia real de tratar a una familia, sino que es reflejo de confirmación de historias de violencia emocional. Las urgencias no son patrimonio de las terapias, ya que los motivos de consulta generalmente vienen haciendo síntoma desde hace años, por lo tanto, una semana más tarde no cambia radicalmente el asunto. La urgencia es para las guardias de los hospitales o para los bomberos. No para el caso de un niño caprichoso o que se porta mal en la escuela.

Cada vez que he "caído" en las trampas de "creer" que la urgencia era real, a veces por llamados de consultantes que he atendido durante largo tiempo y con quienes me une un cariño muy especial, o por pedidos de alumnas con quienes también conservo un afecto y un reconocimiento particular, y que me han solicitado que haga lo imposible para atender a una prima, una amiga, o alguien "muy necesitado" y he pedido a las profesionales que me acompañan que hagan malabares en sus agendas fuera de los horarios de consulta para responder estos casos tan singulares... pues bien, nos hemos encontrado una y otra vez con historias de violencia emocional inusitadas, pero mucho peor aún, con la férrea negativa de la consultante a ingresar en su biografía humana. Y con el reclamo de "encontrar una solución" al motivo aparente de consulta que le urgía resolver.

Encontrar la solución mágica es como comer y llenarse, hartarse de dulces, fumarse un cigarrillo y encontrar alivio por un rato... corto. Permanecer en la ceguera de nuestras carencias afectivas primarias y no estar dispuestos a revolver en esos lugares dolorosos del alma, nos arroja una y otra vez a la imposibilidad de solucionar nada, aunque busquemos a los más prestigiosos médicos, psicólogos o brujos.

No hay solución mágica que pueda resolver alguien por fuera de nuestro movimiento personal. Y por otra parte, "eso" que queremos solucionar, a veces es la única señal de la que disponemos para iniciar un recorrido de preguntas genuinas para la activación de recuerdos llenos de sentido. No hay apuro para que nuestros hijos dejen de manifestar sus síntomas. Es lo único y lo más saludable que pueden hacer.

La urgencia, en estos casos, es aparente. Los profesionales solemos impactarnos con algún síntoma y nos deslizamos en la necesidad del individuo de encontrar una solución, entonces tratamos de ofrecerle lo que nos pide. En el transcurso de la entrevista, nos olvidamos de ingresar en su biografía humana, desconocemos profundamente a quien tenemos sentado enfrente, no accedemos a sus mecanismos de salvación, no sabemos de dónde proviene ni cómo ha compensado sus faltas, no sabemos qué es verdad y qué es relato novelesco, por lo tanto, es difícil que podamos ayudarlo profundamente. Así como cree haber obtenido alguna solución en mano, en pocos días su desesperación por encontrar algún otro resultado lo tendrá de vuelta exasperado.

Por otra parte, si somos profesionales acompañantes de procesos de encuentro con la propia sombra, **no hay urgencia**. No importa cuál sea el motivo de consulta, sólo sabemos que si el individuo está desesperado por encontrar soluciones mágicas, al menos tendremos que ir con más cuidado en busca de los desamparos originales, de la falta primaria y del dolor que aún conserva en su corazón, como si fuese un bebé recién nacido que reclama sin cesar lo único que sigue necesitando.

Posiblemente esto sea lo más difícil de abordar: **la inmensidad de la soledad primaria**. Y los profesionales tenemos la obligación de no perdernos en la demanda aparente del individuo que consulta, acompañándolo amorosamente a buscar los motivos reales, sufrientes y olvidados de su enojo. O del enojo de sus hijos, que es lo mismo.

Capítulo 6

Paranoicos, inseguros y manipuladores

Devenir adulto en la carencia de maternaje.
División de la conciencia: recuerdos y olvidos.
La personalidad paranoica.
La personalidad del inseguro.
La personalidad del manipulador.
Las personas eternamente conflictivas.
Transformar el dolor en sanación.

Devenir adulto en la carencia de maternaje

Este es un *handicap* para siempre. Iniciar la vida terrestre **sostenido por una madre** dispuesta a entregarse a la fusión emocional o **sin una madre capaz de fusionarse, hace toda la diferencia en el desarrollo posterior entre un individuo y otro**. Suelo graficar esta situación con una metáfora: hay individuos que nacen en la pampa húmeda y otros, en el desierto. Quien nace y crece en la pampa húmeda sabe que puede lanzar sus granos al viento, que siempre habrá siembra. En cambio, si quien ha nacido en el desierto es tan necio como para hacer lo mismo, la desilusión será notable. No crecerá nada. Y echará culpas a quien sea sobre su desdicha y envidiará la suerte de su vecino. En cambio, sólo si tiene **conciencia de su origen**, sabrá que le corresponde trabajar con dedicación sobre su terreno emocional, para transformarlo en fértil. No es naturalmente fecundo. Hay que transmutarlo y ésta es una decisión personal: permanecer ciegos a nuestra realidad emocional primaria o comprenderla y trascender la dinámica automática. En este caso, con indagación profunda y con valentía, pueden crecer las flores más bellas.

Cuando devenimos adultos ya no hay nada para cambiar de nuestro pasado. Es hora de investigar, de "atar cabos" para encontrar una mirada fresca e inédita sobre nuestros recuerdos de niños, que han tejido la trama de nuestra novela familiar. Ya no se trata de nuestra madre ni de nuestro padre reales, sino de cómo operan desde nuestro inconsciente las construcciones que hemos organizado siendo niños y cómo toman vida propia y manejan nuestra vida cotidiana con sus hilos invisibles.

Si logramos establecer que nuestra primera infancia se construyó sobre un terreno desértico, será necesario hacer un trabajo meticuloso. Tendremos que abandonar nuestra tan querida novela, ésa que nos hemos contado una y otra vez y hemos acomodado a nuestro antojo para vivir en paz. Justamente ya no se trata de permanecer serenos, sino de prepararnos para las tumultuosas escenas de nuestro inconsciente. Creo que es imposible lograrlo sin ayuda externa. Necesitamos la guía de un profesional entrenado que pregunte claramente, buscando el enredo invisible y sombrío de nuestra historia personal.

No hay sólo dolor en la reconstrucción de la crónica de vida completa. También puede haber **comprensión**, puede aparecer una lógica entrelazando claramente los hechos y eso da alivio al corazón. Al provenir de una historia violenta emocional, es imprescindible que en algún momento comencemos con esta tarea, ya que no podemos darnos el lujo de permanecer eternamente ciegos.

Sin embargo, hay un impedimento importante para llevar a cabo esta labor: el **acomodamiento** de la conciencia. Me refiero a que si durante la infancia, las personas muy cercanas afectivamente, como la madre, el padre u otras personas que se han hecho cargo de nosotros, han sido **al mismo tiempo protectores y depredadores** de nuestro ser interior, nos han alimentado y **también** han violentado nuestras emociones, no han respetado nuestros sentimientos, no nos han amparado suficientemente y no nos han proporcionado el bienestar que necesitábamos, la **conciencia se divide**.

Como hemos visto en los capítulos anteriores, esto es harto frecuente. En nuestra cultura civilizada, somos muy pocas las madres que logramos deshacernos de los condicionamientos sociales para "ser" naturalmente la madre que deseamos ser, según nuestros más naturales instintos. Aun si hemos sido niñas suficientemente maternadas, solemos alejarnos de nuestra esencia para no parecer locas, raras o antiguas. Y si no hemos sido maternadas, surge de nuestro interior un choque de sentimientos, entre el amor y la compasión por el niño pequeño y la rabia por ese monstruo que va a robar lo poco que nos resta para sobrevivir. Estas situaciones las compartimos en mayor o menor medida, casi todos. No son excepcionales; al contrario.

División de la conciencia: recuerdos y olvidos

Que la conciencia se divida significa que al no poder aceptar, **al mismo tiempo, ser amado y ser rechazado por la madre,** el mecanismo de la conciencia –para permitir la supervivencia del niño– opera así: **recuerda** las escenas donde recibe el amor de la madre, y **olvida** sus rechazos y desprecios, es decir, **los relega a la sombra.** Justamente porque la **conciencia no se lleva de maravillas con la ambivalencia** en el terreno afectivo de los seres humanos, entonces prefiere separar los tantos. Así las cosas, el individuo crece narrándose a sí mismo una parte de su vivencia: la parte que le permite no morir en el intento de crecer y desarrollarse, mientras "hace de cuenta" que la otra parte no existe.

Este dispositivo de la conciencia es sumamente útil, ya que siendo niños es muy complicado generar recursos para confrontar con el dolor y el aislamiento. Podemos decir que esta división de la conciencia "nos salva". Porque sólo admite lo que "nos hace bien". Y así pasamos la infancia.

Ahora bien, una vez devenidos adultos, la conciencia sigue "en automático" con el mismo mecanismo: una parte admite y otra parte rechaza, sin importar si las vivencias, sentimientos o realidades son placenteras o dolorosas. Continúa una maquinaria que ha sido diseñada así desde el principio, sin distinguir qué es lo que hay que "dividir", qué es lo que va para el lado de la conciencia y qué elige para el lado de lo no consciente. Sea lo que sea, se organiza un territorio con dos campos, se reparte en "mitades" la totalidad de vivencias del ser humano, sin tener ni control ni conocimiento de que esta modalidad sigue operando.

De esta manera, se sistematiza un orden y, dentro de este orden, sólo creemos que existe la parte que la conciencia admitió para "la luz". Desde ese lugar, es relativamente sencillo tejer una novela bonita sobre nuestra vida, nuestras relaciones afectivas y nuestras elecciones. El problema surge años más tarde, cuando arrojamos unos granos al viento con la ilusión de sembrar y recoger frutos, pero constatamos que no crece ni una flor, ni un melón, ni siquiera un mínimo tomate "cherry". La primera reacción será enojarnos con el mundo entero y quejarnos de nuestra mala suerte. Allí es donde nos damos cuenta de que las cosas no son lo que parecen.

Es el momento ideal para empezar el duro trabajo de indagación personal. Pero con la dificultad adicional de no poder contar, en principio, con nuestros **recuerdos**. Porque **la conciencia los olvidó**. Todo lo que recordamos es bello y placentero, y no comprendemos por qué nuestro terapeuta o guía insiste en hacernos preguntas con dobles intenciones.

Hay información muy valiosa que nuestra conciencia rechazó cuando éramos niños, para salvarnos. Pero cuando devenimos adultos, por un simple mecanismo automático, ese sistema se perpetuó. Entonces la reconstrucción paulatina de la trama oculta de nuestra vida, especialmente de nuestra infancia, es compleja. Muchas personas ni siquiera conservan recuerdos, ni lindos ni feos. Algunos no recuerdan nada anterior a la adolescencia.

En estos casos se requiere un trabajo minucioso, como si nos convirtiéramos en detectives de nosotros mismos. Cada pista nos puede conducir a otra. Insisto en que esto es posible sólo con **ayuda externa**. Así, el profesional que acompaña a un individuo en este proceso, hará preguntas sencillas y "cerradas", por ejemplo: "¿A qué escuela concurrías?". Eso, la persona es capaz de responderlo. Luego: "¿Tenías amigos en la escuela?". "¿Recordás alguno?" Si aparece un nombre, ya tenemos una pista importante. Detrás de ese recuerdo aparecerán los momentos de juego, los vecinos, las peleas, la soledad frente a las dificultades, alguna que otra maestra cariñosa, o alguna familia en cuya casa era posible ir a jugar. En fin, si continuamos con la "investigación", la "memoria" del individuo se va activando. Se entrena como un músculo. Y, poco a poco, vamos organizando una historia confiable, completa y, generalmente, vamos encontrando un hilo lógico.

Este trabajo no es muy difícil de llevar a cabo para el profesional que acompaña a otro en la reconstrucción de la totalidad de su trama interna. Se requiere antes que nada **orden**, como en toda buena investigación, y disponibilidad para prodigar amor durante la travesía. En cambio, la persona que hace su propio trabajo de autoconocimiento llevará la carga del dolor y necesitará reposar en los hombros de su guía.

A grandes rasgos, podemos afirmar que las personas **muy** olvidadizas, con poca memoria o distraídas... tienen en común una historia de violencia emocional en la infancia, aunque no lo sepan o no la consideren de esta manera. ¿Cómo lo sabemos? Porque la conciencia adoptó una dinámica de salvación: apenas sucede algo, por las dudas, lo olvida, para no correr el riesgo de sufrir.

Esto está tan instalado en nuestro estilo de vida y dentro de la dinámica de las relaciones sociales que las personas eternamente distraídas y desmemoriadas podemos resultar simpáticas y divertidas, y somos pocas las que reconocemos en la falta de memoria la prueba irrefutable de vivencias muy dolorosas arraigadas en nuestro interior.

La dificultad en reconstruir las biografías humanas es prácticamente el tema recurrente en Crianza. Todas las profesionales que trabajan a mi lado, se encuentran una y otra vez con relatos sin sentido, entrecortados, novelescos, ilusorios e ingenuos. Las apoyo para ir en busca de "la otra parte", del relato sombrío y nos llama la atención cómo los individuos nos esforzamos para no mover las cosas de su lugar y para seguir creyendo infantilmente en la novela rosa que nos hemos contado. La conciencia es una herramienta muy poderosa. Cuando el individuo realmente no está dispuesto a abrir ninguna grieta de su compactado discurso, se lo hacemos saber y detenemos allí nuestro trabajo. La conciencia sabe cuándo es el momento adecuado para abrirles la puerta a nuestros propios dragones. Y si aún no está lista, pues bien, esperaremos alguna señal. Lo que no permito es "hacer de cuenta" que estamos acompañando un proceso, porque lo considero una estafa económica y emocional. Sólo continuamos un trabajo terapéutico en la medida en que la persona que consulta está dispuesta a investigar entre los recuerdos que aparecen, los sentimientos confusos y los dolores innombrables, de la mano del profesional que guía con preguntas sencillas y pertinentes.

Lo que sí podemos detectar dentro de la construcción de la biografía humana, son las diversas personalidades con las que intentamos resarcir nuestras penas, a causa de la **carencia de maternaje** que hemos sufrido en la infancia. Éstos son también mecanismos de supervivencia que nos han servido en el pasado para superar la tensión y que aún hoy en día operan como salvoconductos en las tramas vinculares. Describiremos algunas de ellas.

La personalidad paranoica

Un niño que ha sido abandonado emocionalmente por su madre o persona maternante, o que haya sido maltratado físicamente, es un ser que está esperando que en cualquier momento algo malo vuelva a ocurrir. Son niños que crecen con la certeza de que siempre les depara algo peor de lo ya conocido. Por eso, lo que vendrá será siempre más peligroso de lo ya experimentado.

Básicamente, la desprotección, la falta de atención y mirada, la falta de traducción de nuestro mundo interno por parte de las personas maternantes, y muy especialmente el maltrato físico o emocional, nos dejan desprotegidos para confrontar con el ámbito social que es enorme y peligroso desde la realidad de un niño pequeño.

Es importante tomar en cuenta que, en nuestro mundo civilizado, se priva a los niños de toda experiencia de estar en brazos permanentemente. Sólo el hecho de pasar infinitas horas en cunas inamovibles y en cochecitos, sin comprender las ansias de vida en movimiento que anhelan los bebés y la pérdida definitiva del estado de bienestar que deberían sentir los bebés en la etapa de estar en brazos y en contacto físico con una persona maternante, nos da cuenta del deterioro en las expectativas que un ser humano puede asumir a medida que va creciendo.

Si las necesidades de contacto, mirada, movimiento, olor, ritmo y calor no son atendidas, el vacío y el tiempo se constituyen en algo enorme y oscuro. El **futuro se convierte en amenaza**, al igual que toda persona u objeto nuevo, y el niño pequeño necesita aprender con rapidez a estar alerta y a detectar con anticipación el peligro cercano. Podemos decir que se vuelve experto en depredadores emocionales y los puede olfatear a una gran distancia, para intentar no ser devorado.

Esta experiencia la adquiere después de varios años, ya que siendo muy pequeño sencillamente ha sido víctima del abuso y el abandono, y ha sentido la hostilidad y la desprotección del mundo externo. Llegó hasta aquí como pudo, y sabe que **nadie es confiable** y que sólo depende de sus propios medios para sobrevivir.

Así va organizando todo su esquema personal y, sobre todo, pone un límite muy claro entre su frontera personal y las fronteras de los demás, a unos cuantos kilómetros de distancia. Desde allí, puede darse el tiempo de especular, razonar y concebir todas las estrategias que crea necesarias cuando no le quede otra salida que permitir algún tipo de intercambio emocional con los demás.

Con el fin de autoprotegerse, ejercita su mente de manera extraordinaria. Por eso, suelen ser niños –y luego adultos– considerados brillantes por su inteligencia y su capacidad de multiplicar tácticas y artimañas, ya que se han entrenado en estos menesteres con tal de salvarse. Así continuamos con un sistema de supervivencia muy arraigado en nuestro modo de ser y de actuar en el mundo externo, siempre atentos a las señales de riesgo.

Ya siendo adultos, solemos decir que somos paranoicos (sin entrar en patologías graves) cuando sentimos que el **peligro** acecha a cada instante. Cuando siempre hay un "otro" preparado para hacernos mal, lastimarnos, hacernos sufrir, robarnos, perjudicarnos de alguna manera, engañarnos o destruirnos. Por eso, no podemos dejar de estar alertas, siempre. Es como vivir eternamente dentro de un campo de batalla, con bombas que estallan en cualquier lugar y en cualquier momento, sin aviso previo.

Esta manera de vivir puede instalarse tan sutilmente en nuestra vida cotidiana que no nos percatamos de que algo funciona mal y que perdemos muchísima energía en defendernos de los peligros que, supuestamente, nos acechan. Las personas que conviven con nosotros tampoco registran el excesivo control que necesitamos establecer sobre nuestra seguridad y la de nuestra familia o, en todo caso, lo viven como una ventaja. Al lado de una persona con personalidad paranoica, todos los demás se sienten seguros y confiados, ya que hemos evaluado todas las posibilidades de peligro y hemos dispuesto todo lo necesario para quedar protegidos. Incluso así, nada es suficiente y siempre se puede mejorar la protección.

Vivimos la vida con un miedo subterráneo y no logramos sentirnos serenos a menos que nos encontremos en lugares muy privados, conocidos y confiables, como nuestra propia casa. No nos damos cuenta de las limitaciones que esto provoca en nuestra vida cotidiana, ya que rechazamos invitaciones, viajes (sobre todo a lugares exóticos), emprendimientos laborales o todo tipo de "aventuras" que lleven asociadas la idea de "riesgo". Incluso cuando se trata de propuestas placenteras, no las podemos disfrutar, porque somos antes que nada, alguien que **sospecha** que algo malo puede suceder.

Solemos ver la vida potencialmente azarosa y sombría. Los demás nos parecen ingenuos y demasiado idealistas, y consideramos que no se dan cuenta de lo poco previsores que suelen ser frente a los innumerables peligros que pueden acaecer. Necesitamos comprobar una y otra vez que las personas con quienes entramos en contacto no nos van a lastimar, aunque creemos que probablemente sí lo hagan en algún momento, nunca se sabe. Estamos listos para detectar la traición de quienes más amamos. Por eso, abrirnos con otros en la intimidad nos lleva muchísimo tiempo, porque así como conocemos nuestro lado oscuro, sabemos que los demás también lo tienen escondido.

Indagamos exhaustivamente toda situación y todo individuo con quien entramos en contacto y nos mantenemos alertas ante cualquier cambio imprevisto. Nuestra principal herramienta es el control, y la información es elemental para poder controlar a nuestros supuestos "enemigos".

Vivimos una lucha eterna contra "rivales" que surgen permanentemente por todas partes. Y aunque estemos siempre listos, hagamos todo el trabajo de inteligencia, obtengamos más información que nuestros "contrincantes" y organicemos las mejores estrategias... esta guerra nunca acabará. Porque hemos construido en **nuestro interior** la certeza de tener que **defendernos y pelear para sobrevivir**. Esta convicción tomó forma a lo largo de nuestra infancia y permanece allí, cómodamente instalada, y no piensa abandonar sus trincheras.

Dentro de estas penosas circunstancias emocionales, no es fácil convertirse en mamá, ni en papá. Estamos aún muy asustados, pero no lo sabemos. Ese niño viene a robarnos los pocos instantes de placer e intimidad donde habíamos consolidado un pedacito de seguridad compartida. Y ahora no estamos dispuestos a perderla. Desconfiamos incluso de nuestras percepciones y tendencias en la crianza del niño, desconfiamos de todo y de todos, y la única opción es quedarnos más solos.

Es obvio que en algún momento tendremos que darnos cuenta de que sólo tenemos que confrontar con nuestros adversarios internos a quienes alimentamos cada día. Y que esa constante lucha es la que nos debilita y nos acongoja.

La personalidad del inseguro

La "autoestima" es una palabra muy usada en nuestros días, y da cuenta del cariño y la valoración que un individuo puede prodigarse a sí mismo. Ésta es una construcción psíquica apoyada en las primeras experiencias vitales y, obviamente, tiene que ver con la valoración que nuestra madre o persona maternante haya **realmente** expresado respecto a nosotros.

Una mujer que llega a la maternidad muy desprotegida emocionalmente, a veces sin cuidados ni amparo, y con un embarazo que no ha deseado –al igual que posiblemente la mayoría de las situaciones que vive– sin tomar conciencia ni responsabilidad por sus elecciones, que deja que la sucesión de hechos la desborden para quejarse con total libertad, no podrá desparramar orgullo ni satisfacción en el niño de quien se tiene que ocupar.

Por el contrario, es probable que el niño "cargue" con responsabilidades y sea el encargado de facilitar la vida de la madre, siempre con la intención de ser finalmente querido, aceptado y valorado por ella. Cosa que de todas maneras no sucederá.

El niño tendrá sólo ojos para su madre, pero la madre no tendrá ojos para su hijo, ya que es, antes que nada, una gran necesitada que prioritariamente elegirá satisfacer sus propios deseos postergados desde el nacimiento del hijo, con lo cual el interés, la valoración y la estima que la madre pueda verter sobre el niño se verán muy comprometidos.

En general, se trata de niños que pasan inadvertidos para la madre, se portan bien, son tímidos y callados, y construyen una autoimagen muy modesta. Por otra parte, la infancia no estará colmada de estímulos, propuestas, actividades ni diversión, ya que el niño no es prioritario para esta madre inmadura y posiblemente sola, aunque en ocasiones tenga un hombre al lado.

Es posible que el niño –depositando toda la atención en su mamá–, tampoco construya un mundo interno creativo y rico, donde pueda refugiarse entre tanta soledad. Y que su principal vivencia sea la de no ser importante, útil ni preciado para nadie.

Así las cosas, estos niños nos convertimos en grandes y llevamos a cuestas una gran inseguridad interior, avalados por la certeza de no ser importantes, ni inteligentes ni valiosos ni especiales para nada ni para nadie. Existir o no existir es casi lo mismo para nosotros mismos y para los demás.

Intentaremos adaptarnos de todas maneras a las situaciones que se nos presenten, sintiendo que no podemos hacer las cosas bien, que no nos destacamos en nada, prefiriendo el bajísimo perfil para pasar inadvertidos y no ser molestados por nadie. Solemos sentirnos solos, separados de la mayoría de los rituales de la sociedad. Tenemos dificultad para encontrar alegría, placer y, sobre todo, para reconocer deseos propios, ya que nos demandarían una energía que consideramos que no poseemos.

El mundo no nos parece confiable en absoluto, preferimos vivir apartados y sin relaciones que nos demanden demasiada energía, pero si indagamos un poco más, descubriremos que escondemos una rabia contenida que no nos resulta sencillo reconocer dentro de nosotros, ya que nos hemos acostumbrado a no entrar en contacto con nuestros sentimientos. En general, estamos plagados de inseguridades menos obvias, que resultan invisibles a los ojos de los demás.

Con frecuencia necesitamos depender de alguien que decida, resuelva y lleve la delantera en todos los aspectos de nuestra vida privada, ya que nos consideramos poco aptos para tomar decisiones. Y esto cercena aún más las llamas que viven en nuestro interior y nos aleja de nuestros propios tesoros.

Cuando devenimos madres o padres, la inseguridad inunda todo, y no nos sentimos capaces para responder a los llamados del niño, porque no nos creemos idóneos para reconocer y comprender el significado profundo de sus demandas. Buscamos respuestas en aquellas personas en quienes depositamos nuestra mirada –como antiguamente lo hemos hecho en mamá– y esperamos que los demás se hagan cargo de este niño llorón. Creemos ingenuamente cualquier cosa, con tal de no asumir la responsabilidad de ser adultos. Por otra parte, no nos consideramos valiosos en nuestras apreciaciones ni en nuestros sentimientos y todo desarreglo en el niño nos confirma que no somos aptos para criarlo.

La seguridad en uno mismo se adquiere en la infancia. Si hemos estado desprovistos de mirada y sobre todo de orgullo por parte de nuestros padres o personas a cargo, nos sentiremos eternamente pequeños en un mundo de grandes. Y esta dinámica seguirá operando, aunque tendremos que reconocer que no es la realidad objetiva. Que no somos ni pequeños, ni poco aptos. Porque lo que sucedió en el pasado, ya pasó. Pero necesitamos comprender la cualidad de esas vivencias para reconocer las virtudes personales que esperan su turno para desplegar su potencial.

La personalidad del manipulador

Ahora sí ¡las cosas se ponen calientes! Partimos una vez más de la vivencia de un niño pequeño, cuyo entorno está cargado de pasiones, de luchas y de muchísimos deseos dando vueltas. Aunque él no sea el sujeto de deseo en esta familia y quede apartado, intentará utilizar los mismos recursos que los demás para hacerse un lugar. En realidad, tampoco se siente amado ni tenido en cuenta, pero en lugar de bajar los brazos, aprenderá a luchar para obtener la posición que desea, imitando el modo de vincularse de los adultos que lo rodean.

Se trata de un terreno afectivo pequeño, donde tienen que hacerse un lugar muchos individuos. Y "el" lugar privilegiado se logra a través de peleas a muerte. Cualquier táctica es permitida, siempre y cuando se logre el objetivo: el de estar más cerca de las personas que me procurarán un lugar distinguido en la familia. Cuanto más vulnerable soy, más necesidad tengo de posicionarme al lado del más fuerte, es decir, al lado de mamá o al lado de papá, según las circunstancias en cada familia.

El niño aprende a cargarse de sentimientos pasionales, y se llena de rabia y furia. Y en la medida en que esta rabia permanezca reprimida, se intensificará aún más, y se convertirá en una fuerza incontrolable. Deseará ocupar posiciones fuertes, pero en vez de prepararse para merecerlas, intentará seducir al poderoso y **apropiarse** de lo valioso que hay en él. Estos niños están desesperados **por pertenecer, por ser parte del deseo de la madre**. Y aprenderán a utilizar toda arma de seducción para robarle el corazón. Para ello se entrenan en el conocimiento exhaustivo y en el **control** de los sentimientos de los demás.

La madre, violenta e infantil (que a esta altura consideramos sinónimos), tiene muy poco espacio emocional disponible. Si entra el padre, por ejemplo, para apropiarse del territorio afectivo, el niño quedará totalmente fuera del intercambio. Luego, el niño imitará y aprenderá de sus padres cómo luchar para apropiarse, a su vez, de los restos emocionales que quedaron desperdigados por allí.

Cuando devenimos adultos, continuamos empleando este mecanismo; necesitamos **controlar** los movimientos de todo aquel que pretenda posicionarse en algún lugar cercano al poder o a la toma de decisiones. Nos volvemos expertos seductores, ya sea en el terreno del intercambio amoroso, en el trabajo o en el emplazamiento social. Nuestra única preocupación es **pertenecer y controlar el terreno para permanecer cerca del poder.**

Por otra parte, nos entrenamos en **robar los deseos** de los demás para convertirlos en propios. También nos resulta imprescindible lograr que los otros **modifiquen sus deseos** para adecuarlos a los nuestros. Es como cumplir el sueño infantil: lograr que nuestra mamá cambie y que su deseo esté centrado en nosotros. De la misma manera, se nos va la vida intentando que los demás se despojen de sus deseos originales y –encandilados por nuestra seducción– desvíen sus deseos hacia los nuestros.

Sabemos emplear nuestra energía para manipular a los demás contra su voluntad, sin que nadie se dé cuenta, porque la habilidad y la cortesía nos caracterizan. Nunca permitiremos que alguien nos guarde un secreto y somos capaces de traspasar cualquier frontera para obtener toda información secreta si presentimos que la necesitamos para tener el control. Nos volvemos obsesivos y obtenemos toda la información que pueda resultarnos útil. También podemos distinguir el aroma de los problemas que fermentan de manera subterránea entre las personas y seguiremos toda pista aunque esté pobremente iluminada, hasta hallar la fuente de tensión. Y luego manipularemos las situaciones a nuestro antojo, utilizando nuestros descubrimientos para provecho personal.

Controlar con fina inteligencia los hilos invisibles de los otros nos otorga poder y conocimiento profundo de los movimientos ocultos de los demás. Y controlando nos sentimos seguros, fuertes, potentes y superiores. No es poca cosa proviniendo de una historia de carencia emocional. Cuando nos toque criar niños, lograremos convencerlos de que somos la mejor mamá o el mejor papá del mundo. Y aunque los niños entren en cortocircuito entre sus necesidades no satisfechas y el discurso que les proporcionamos, terminarán presos de nuestra manera de ver las cosas, desearán lo que nosotros deseamos, elegirán lo que elegimos para ellos y organizarán un pensamiento que concuerde perfectamente con las ideas que teníamos previstas para ellos. Con el tiempo, esos hijos harán depresiones o sucumbirán en crisis incomprensibles, sin darse cuenta de que el propio ser está tratando de emerger desde unas espesas mantas de deseo ajeno.

Los adultos manipuladores poseemos la habilidad de hacer creer a los demás que son libres, cuando en realidad son prisioneros de nuestros deseos. Claro que, necesariamente, esos otros adultos tienen que provenir de otros mecanismos violentos, que encajen perfectamente en nuestro sistema, como, por ejemplo, los adultos inseguros antes mencionados. Los políticos, en general, poseen estas habilidades al extremo y ya sabemos quiénes somos los ciudadanos que los votamos.

También está claro que aunque muchas personas caigan en nuestras trampas y podamos manejarlas a nuestro gusto, aunque nos llenemos de poder y de control, de dinero y de prestigio, **nunca lograremos devenir prioritarios para nuestra madre interior**. Porque, al fin de cuentas, sólo se trata de eso.

Las personas eternamente conflictivas

Otra modalidad posible para perpetuar las vivencias infantiles, es a través de los conflictos permanentes. En estos casos, solemos provenir de familias en las que el intercambio amoroso se producía en la medida en que los conflictos estallaban. Sólo allí había demostraciones de cariño y algo vibraba en el seno de las relaciones.

También podía suceder exactamente lo contrario: las tensiones se acrecentaban bajo un manto de silencio, y éramos niños especialmente perceptivos que podíamos abordar a nuestra madre en la medida en que percibíamos y la acompañábamos en sus sufrimientos.

Así, nuestra madre nos amaba en la medida en que nos convertíamos en aliados pasivos de sus posiciones en la vida. El problema es que nuestra madre solía cambiar de contrincantes y necesitaba con frecuencia rearmar sus alianzas, cosa que, en tanto niños, le asegurábamos con devoción. De todos modos, nuestras necesidades quedaban insatisfechas, con una madre inundada de dificultades emocionales y frecuentemente inmadura e incapaz de hacerse cargo de nadie, ni siquiera de sí misma. Esta madre desplazaba su dolor e inmadurez en enojo hacia cualquiera que no satisficiera inmediatamente sus múltiples caprichos infantiles. Éramos niños sumamente intuitivos, que aprendimos a detectar los sentimientos y deseos ocultos de nuestra madre mucho antes de que estallaran y, por lo tanto, capaces de percibir con claridad los sentimientos subterráneos de todos los demás. También fuimos testigos de las ventajas que otorgaban las explosiones de furia de nuestra mamá: básicamente la obtención inmediata de un pedido cualquiera y el poder que asumía mamá amparada por la tensión y los nervios.

Con el tiempo nos vamos sintiendo cada vez más cómodos y potentes, ya que el estallido del conflicto nos hace vibrar y –al igual que a nuestra madre– nos llena de energía y movimiento interior.

Solemos convertirnos en personas con tendencias depresivas, por eso necesitamos alimentar un conflicto cualquiera, para activarnos

con entusiasmo y fervor. Básicamente, nutrimos todos nuestros vínculos con conflictos, anteponiendo nuestras necesidades a las de los
demás, con explicaciones llenas de fundamento y –sobre todo– con
unos cuantos aliados que nos den la razón. De este modo, las personas allegadas suelen ser muy condescendientes... hasta que se can-
san. Y así, nuestro mejor amigo se convierte inmediatamente en un
enemigo contra quien despotricar.

Paradójicamente, somos personas muy pasionales, que nos involucra-
mos en las relaciones con interés y profundidad, lo que nos hace man-
tener muchas relaciones afectivas intensas. Pero obligamos a los
demás a pagar precios altos: tienen que satisfacer nuestras necesidades
básicas inconscientes, de lo contrario, el conflicto explotará y no siempre los demás están dispuestos a atravesarlo.

Si observamos a nuestro alrededor, descubriremos muchos individuos eternamente enemistados con sus padres, hijos, hermanos, ex
parejas, ex socios y muchos otros "ex", justamente porque el conflicto los **nutre**, posiblemente con una intensidad nunca antes experimentada. Y recordando los mecanismos de adicción, posiblemente las personalidades conflictivas tengan aspectos adictivos, en el sentido de
llenarse de energía y vitalidad cada vez que un conflicto está en su
máxima tensión. Por otra parte, genera un movimiento entre amigos,
socios y aliados. Y tenemos la oportunidad de "llenar" el tiempo de
intercambio con estrategias, pensamientos, ocurrencias, pasión, ideas
creativas y mucha, mucha adrenalina. Así nos sentimos vivos, frente a
los sentimientos de desamparo y muerte cuando mamá sólo tenía
mirada para sus propios conflictos y desatendía nuestras más íntimas
necesidades.

Cuando alimentamos una personalidad conflictiva permanente y devenimos padres, fácilmente podemos entrar en guerra con el niño, ya que

ese niño con un deseo diferente del propio plantea una discordia de hecho. Estas batallas las ganamos los adultos, porque somos grandes. Además, podemos encontrar fácilmente aliados (el niño no tiene a nadie que lo defienda) y desatamos explosiones de furia que dejarán al niño totalmente fuera del "ring". De este modo, perpetuamos la soledad y el miedo de otro niño más en el mundo que no tiene quién lo ampare.

Una vez más, aunque nuestra vida transcurra entre las peleas e intrigas de una telenovela venezolana (con todo respeto), **no obtendremos más mamá**.

Transformar el dolor en sanación

Hemos visto que podemos adoptar variadas formas de supervivencia provenientes de esquemas de desamparo y soledad emocionales. Y si no nos damos cuenta, perpetuaremos a través de nuestro accionar no sólo nuestro sufrimiento interno, sino también el de las personas que más amamos.

Pero hablemos también de los beneficios ocultos: en principio, contamos con una experiencia muy valiosa y un profundo contacto con ciertos rincones muy sombríos del alma humana y ese conocimiento interior podríamos transformarlo en reflexión, trabajo y posterior sanación, no sólo para nosotros mismos, sino, sobre todo, para las generaciones futuras. Sé que dicho así suena muy bonito, pero que atravesarlo es otra historia.

Para ello, es imprescindible adquirir conciencia de nosotros mismos, dedicándonos a la exploración de los misterios de la complejidad humana, buscando el conocimiento sobre la naturaleza y el poder de nuestras profundidades interiores. Es en estas partes más internas de nuestro inconsciente donde guardamos los secretos más custodiados, los temores, odios, anhelos, compulsiones y demás sentimientos que consideramos desagradables. Y, desde allí, pueden continuar consumiendo nuestra energía y drenando nuestro devenir, si permitimos que permanezcan en su estado de toxicidad habitual.

Nuestro desafío es descubrir cómo podemos evitar que esas oscuras facetas de nuestra psique consuman la vitalidad o nos inunden con una energía devoradora. Siempre hay terapias ortodoxas o alternativas disponibles, pero dependen de la valentía de la que dispongamos para explorar la oscuridad interior. A través de estas experiencias, descubriremos que podemos "ver" claramente en la oscuridad personal mientras vamos descendiendo por las cavernas de nuestro mundo subterráneo.

Tenemos la ventaja y el entrenamiento de poder procesar muchas energías conflictivas al mismo tiempo, almacenando gran cantidad de información oscura y sufriente. Esto nos hace la vida cotidiana más difícil, ya que no es una labor placentera ni relajada. Pero no podríamos hacer otra cosa aunque quisiéramos, ya que, de todas maneras, **no podemos dejar de ver lo que vemos.**

La diferencia entre sufrir inconscientemente luchando ciegamente en la oscuridad o tomar las riendas de nuestra vida radica en **decidir que queremos terminar** con toda la hostilidad que nos envuelve, como resultado de un resentimiento antiguo que ha permanecido instalado en la psique por mucho tiempo. De hecho, llega un momento en nuestra vida adulta que podemos decidir hacer todo lo posible para terminar con la necesidad de destruir a los demás, aunque nos hayan herido en el pasado. Y también podemos decidir que queremos transformar esa terrible rabia contra el mundo en algo más creativo. Cualquiera que esté dispuesto a comprenderse a sí mismo, deseará el fin de estas construcciones psicológicas que causan tantos estragos. Y sabemos que la mejor opción es redimir toda esa oscuridad; de lo contrario, seguiremos sufriendo en soledad.

Pocas personas podemos alcanzar tan penetrante profundidad interior en el contacto con la pena y el dolor, si no lo hemos atravesado personalmente durante la infancia. Y pocos aprendemos a crecer tanto, si no partimos de estados emocionales extremadamente difíciles. Por eso, muchos individuos que hemos padecido una **carencia de maternaje** importante tenemos especial atracción por la psicología, la educación y toda investigación sobre la psique humana. Porque sabemos que poseemos recursos internos y experiencias dolorosas que pueden enriquecer la comprensión de los demás.

Una vez que adquirimos suficiente discernimiento sobre el comportamiento humano, podemos desarrollar importantes tareas, como la de ayudar a analizar los mundos interiores de los individuos que estén dispuestos a emprender estos viajes. Cualquier campo que brinde un mapa detallado de la psique o del alma humana será adecuado, porque nos permitirá explayarnos en nuestras intuiciones y en esa sabiduría adquirida con dolor y poder interior.

Creo que una vez que nos hemos zambullido en nuestro mundo subterráneo donde moran nuestros demonios y hemos logrado sobrevivir... comprendiéndonos y mirándolos de frente... tenemos a nuestro alcance una extraordinaria herramienta para guiar a otros individuos en su propia búsqueda plagada de terror.

Cada vez que comprendemos que los monstruos se alimentan de nuestras vivencias infantiles y que ahora que somos grandes podemos jugar a las cartas con ellos y reírnos... estamos **abandonando la diná-**

mica violenta en la que estábamos cómodamente instalados. Podemos reconocer las ventajas de la madurez y propiciar movimientos de desarme de otros circuitos violentos que sólo generan sufrimiento y soledad. Esto sucederá aunque no lo implementemos dentro de modalidades terapéuticas, porque todo vínculo con otro generará nuevos movimientos de búsqueda personal y de cuestionamientos íntimos, y el futuro se tejerá sobre la base del diálogo franco y abierto con todo aquel que se vincule con nosotros.

Capítulo 7

Abusos y desamparos

Pensar el abuso desde el desamparo original.
Desde el lugar del individuo necesitado
de apropiarse del otro.
Desde el lugar del niño despojado.
Devenir madre con las historias de abuso a cuestas.
Otras formas de violencia: las alianzas.
Diferencias entre violencias activas y pasivas.

Pensar el abuso desde el desamparo original

La palabra "abuso" nos remite automáticamente al "abuso sexual", que intentaremos abordar como mecanismo invisible de la violencia primaria, devenida acción desesperada.

Empecemos por lo más fácil, lo más brutal, por donde "todos en cuanto sociedad" estamos dispuestos a arrojar la totalidad de la sombra colectiva para que alguien la recoja y se inmole en el personaje. Es obvio que estaremos de acuerdo con horrorizarnos una y otra vez cuando tenemos acceso a información sobre violaciones de todo tipo y mucho más si se trata de abusos sexuales contra los niños.

Recordando la definición de **violencia**, diremos que en las dinámicas violentas, **sólo hay lugar para el deseo de uno, no pueden convivir dos deseos en el mismo territorio de intercambio emocional**. Es indispensable que tengamos claro esto, de lo contrario, seguiremos moviéndonos entre tinieblas y prejuicios para abordar la multiplicidad de casos de violencia pasiva, que, por supuesto, puede activarse en cualquier momento.

Los abusos sexuales son, en sí mismos, vistos desde el lugar del niño, uno de los mecanismos más depurados de destrucción de la psique. Ya hemos visto con qué frecuencia los niños quedan sometidos al deseo del otro, sin encontrar un lugar para existir dentro del territorio del intercambio amoroso. Pues bien, cuando el adulto despoja al niño de todo atisbo de integridad física y emocional, a través del abuso sexual, termina de robarle toda posibilidad futura de apropiarse de su propio ser.

Desde el lugar del individuo
necesitado de apropiarse del otro

Veámoslo desde el lugar de ese individuo, calzándonos el traje de violador. Diremos, antes que nada, que somos seres ultra necesitados, infantiles, desamparados, desarmados, desestructurados y todos los etcéteras que queramos agregar. Provenimos, sin lugar a dudas, de una infancia aterradora, plagada de soledad, de vacío y de muerte espiritual. Y como todo adicto, hemos tratado de llenarnos de mamá infructuosamente, con magros resultados.

Somos seres tan necesitados de cariño y de caricias que, probablemente, organicemos nuestra personalidad y nuestra vida cotidiana rodeados de sensibilidad, de arte, de música y de suavidad. Podemos llegar a ser cordiales en el trato social, amorosos y seductores con las mujeres, por ejemplo. Incluso risueños y encantadores, sobre todo con nosotros mismos. Nuestro propio encanto nos acuna y suaviza nuestro sufrimiento.

En el peor de los casos, ya no recordamos ni registramos los tormentos sufridos en la infancia, ya que los hemos relegado a la sombra: nuestra conciencia los olvidó. En la actualidad, nos sentimos mucho más cómodos con la personalidad adquirida y venerada por todos, como hombres amables, inteligentes y finos. Por otra parte, sentimos que ése es nuestro verdadero yo; que al fin podemos desplegar nuestra vida como siempre lo hemos deseado.

Pero como la sombra siempre actúa desde las tinieblas, porque **nos completa**, en algún momento nos sucede que maravillosamente sentimos amor por alguien, posiblemente por un niño que nos recuerda nuestra propia niñez. Un niño solo, en busca de amor. Un niño muy parecido al niño que hemos sido. Y la atracción y el amor por ese ser luminoso crecen hasta hacernos doler. **Necesitamos** estar con él, **necesitamos** amarlo con todo nuestro amor, **necesitamos** comerlo, tragarlo, apretujarlo, devorarlo, romperlo; de lo contrario, sentimos que nos deshacemos en el dolor de no obtener ese cuerpo que nos puede nutrir.

Insisto en que la necesidad es un punto clave. Porque es una necesidad infantil, es decir, una necesidad que no espera, que no atiende razones, que no vibra en el mundo concreto, a la que no le importa nada más que encontrar satisfacción.

Entonces, si la necesidad es abrumadora –como fue la necesidad de mamá cuando éramos bebés y no la obtuvimos, muriendo una y otra vez hasta desvanecernos– haremos lo que sea para no fallar esta vez en el intento de **obtener esto que es** totalmente **vital** para nosotros. Utilizaremos nuestra seducción y nuestro genuino amor por ese niño. Pero también entrarán en juego la soledad y el desamparo de ese niño real, que **desprovisto de cuidados maternantes, encontrará amor dentro del abuso.**

Entiendo que nadie esté leyendo estos párrafos con calma. Y también entiendo que podamos reaccionar desfavorablemente y desechar toda esta explicación irracional y disparatada. Justamente porque es irracional y porque no estamos dispuestos a pensar con honestidad cómo somos todos hacedores y continuadores de estas dinámicas violentas, en la medida en que sigamos avalando los modelos insensatos de desprotección y de desamparo de todos nuestros hijos.

Regresemos a la escena del abuso. **El adulto no cree estar haciendo daño. Mientras se nutre del cuerpo del niño, se convierte por un instante en el bebé succionando al fin la leche tibia de su madre.** Y no hay nada malo en eso. No registra ni escucha ni reconoce ninguna queja ni dolor en el niño. Como un bebé de pecho que sólo está atento a su propia satisfacción.

Por otra parte, llena al niño abusado de cariño, de regalos, de promesas y, sobre todo, le ofrece el extraordinario regalo de ser el niño elegido y privilegiado dentro del deseo de alguien en este mundo. Y en la carencia amorosa de la que proviene ese niño, cualquier cosa que obtenga, aunque sea ilusoria, es un torrente de agua cristalina en un desierto emocional.

Por eso, el abuso sexual puede perdurar durante años. El adulto (en realidad el niñito en cuerpo de persona grande) satisface sus necesidades primarias inconscientes. El niño, por su parte, cree que obtiene amor, al menos es el único lugar donde obtiene algo que cree que puede llegar a parecerse bastante al amor. Lo que ninguno de los dos sabe es que están equivocados: el adulto no logrará obtener "mamá" aunque destroce los cuerpos de los niños. Los niños no obtendrán amor aunque entreguen su propia integridad en medio de la desesperación por obtener "mamá".

Todos sabemos que los abusos sexuales contra los niños suceden "intramuros", es decir, en los hogares. Llevados a cabo, generalmente, por personas que tienen un vínculo afectivo con el niño en cuestión. Suele tratarse de los padres, padrastros, hermanos, primos, tíos, y lamentablemente, muchas veces de los maestros amados o los sacerdotes amados que, además, llevan consigo el poder de nuestros más íntimos y recónditos secretos.

En el tema que nos ocupa, no hay grandes diferencias entre niños y niñas abusadas. Me refiero a que no hay mayoría de abusos en niños de un sexo en detrimento del otro. La preferencia por un sexo o por el otro no cuenta, como no cuenta para un bebé necesitado de leche materna y de brazos, otra cosa que llenar su propia escasez.

Lo que resulta más difícil de abordar dentro de esta dolorosa realidad, es que el adulto no puede reconocer que le ha hecho algo malo al niño, porque ese niño es alguien amado. Así como nuestra madre es amada por definición. Y nuestra conciencia en estos casos nos confirma una y otra vez que no hemos hecho nada malo. Al contrario. Que sólo se trata de amor.

Además, como las dinámicas violentas no vienen solas, los abusos suceden dentro de familias o instituciones donde siempre hay otros individuos necesitados de salvarse primero. Si el que quedó atrapado fue el niño, porque no corrió lo suficientemente rápido, pues bien, será su problema. Todos hacemos oídos sordos, porque obtenemos ventajas para no ser los próximos en ser atrapados.

Desde el lugar del niño despojado

El niño es niño, por lo tanto es víctima de la realidad física y emocional que le toca vivir. Posee muy poca autonomía y depende totalmente de los cuidados que le son prodigados, aunque sean deficientes.

Su instinto de supervivencia lo llevará a buscar situaciones de amor y apego, y allí donde encuentre refugio, erigirá su "hogar".

Cuando el abuso sexual se instala, el niño desdobla su personalidad. No puede comprender lo que le sucede, no hay palabras que describan el dolor, el desgarro, el miedo, la tortura y la confusión de algo que le sucede, pero que, al mismo tiempo, no existe en el mundo. Por otra parte, viene mezclado con el amor, la confianza y el secreto impuesto por el adulto abusador. La fe, la entrega, el respeto y la lealtad que tienen los niños hacia sus respectivos abusadores sólo es comprensible si tomamos en cuenta que dependen emocionalmente de ellos y que si les fallaran, perderían la presencia incondicional del único ser que tienen en el mundo, que es ese adulto que los tiene en cuenta constantemente.

Hay muy pocos niños que han intentado relatar a alguien lo que les está sucediendo. Esto confirma que no hay nadie confiable en quien reposar. Y que son niños desamparados y solos. En los casos en que alguien –a veces por fuera del hogar materno-paterno– denuncia lo que pasa, los padres suelen cerrar las trincheras y enojarse con el niño o la niña que se "busca problemas". Entonces, el niño en cuestión queda aún más solo, confirmando una vez más que ese espacio de abuso es posiblemente lo mejor que ha logrado conseguir y, por lo tanto, se acomoda como puede.

Como las sensaciones y los dolores son imposibles de traducir, la conciencia los niega, los relega a la sombra. Es decir, no quedan recuerdos conscientes del abuso, apenas algunas vagas sensaciones de placer o displacer. Por eso, es muy difícil luego relatar lo que ha sucedido. Y, de hecho, cuando los adultos emprendemos trabajos de indagación personal, pocas veces descubrimos en el transcurso de las terapias las instancias de abuso. La conciencia tiene registros muy débiles y confusos, porque no hubo traducción de las vivencias.

En el caso de las niñas, cuando ingresan en la adolescencia e inician una vida sexual con un compañero de la misma edad, naturalmente cesa el abuso del adulto. Aunque está claro que el nivel de violencia que se ha instalado en la niña, necesariamente se va a reproducir en sus vínculos, tanto sexuales como afectivos. Llamativamente, aun cuando el abuso haya continuado hasta los catorce o quince años, la niña "no lo recuerda" o lo recuerda muy confusamente.

En el caso de los varones, muchas veces se convierten en niños abusadores desde muy temprana edad. Abusan de niñitos más débiles o frágiles, pues entienden que es una manera legítima de obtener amor, en la medida que colman el hambre de cariño y de contacto. Estos niños se instalan en la identidad del abusador, pero siempre desde la certeza de intercambiar amor. Por supuesto que nunca entra en juego el **deseo del otro**, que como hemos visto, **no tiene lugar en la dinámica violenta.**

En casi todos los casos, las historias de abuso sexual se perpetúan a lo largo de toda la infancia. Raramente son hechos aislados. A veces es más devastador la poca atención que los padres han puesto en el asunto, que el abuso en sí mismo, en el caso en que haya sido una desgracia ocasional. Si se perpetúa, sucede **necesariamente con el aval de la madre**, que necesita que ese niño sea devorado por otro, antes de ser devorada ella misma. **No hay abuso posible sobre un niño o niña sin el consentimiento de la madre.** Lamentablemente los adultos recién podemos constatar esto cuando somos grandes y tenemos más fortaleza para tolerarlo.

Devenir madre con las historias de abuso a cuestas

Personalmente, llevo una encuesta propia muy informal. Alrededor del 20% de las mujeres atendidas en mi consultorio o dentro de los consultorios de Crianza, han sufrido abusos sexuales siendo niñas. No llevo registros de los varones, porque la mayoría de las personas atendidas son mujeres. Quiero destacar que las mujeres que consultan suelen pertenecer a la clase media y media alta de Buenos Aires, así que no entran en juego los otros tipos de violencia como la pobreza, la falta de alimento e higiene, la falta de vivienda o la promiscuidad. La mayoría de estas mujeres no tenía recuerdos conscientes del abuso y ha llegado a las consultas por temas banales sobre la crianza de sus hijos. Pero sea cual sea el motivo de consulta aparente, siempre iniciamos las búsquedas a partir de la construcción de la biografía humana de cada individuo y a medida que vamos detectando diferentes grados de violencia invisible, ya sea por los relatos de falta de maternaje, por la soledad en la infancia, por la falta de recuerdos o por los diversos modos de desamparo, vamos preguntando de modo tal que aparecen personajes que toman forma y color en la medida en que insistimos allí donde la conciencia no está dispuesta a entrar.

Cuando "descubrimos" el "horror", suceden varias cosas. Lo primero que pasa es que sentimos alivio. Porque por primera vez podemos poner palabras a algo que siempre supimos que estaba allí, pero no teníamos modo de presentar. Luego, empieza una actividad mental vertiginosa, porque la conciencia quiere aprovechar el tiempo perdido; entonces aparecen múltiples recuerdos. Atamos cabos sueltos, brotan sensaciones, anécdotas, sueños y mensajes. Surgen personajes que misteriosamente regresan del pasado, para traernos pedazos de películas desgastadas que encajan perfectamente en la reconstrucción de los relatos. A veces retomamos contacto con hermanos o hermanas que hace veinte años han escapado a Finlandia o al Congo, bien lejos de modo de no regresar nunca más. Parece un chiste, pero casi siempre hay hermanos que han viajado muy lejos desde muy jóvenes y nunca jamás han regresado. Para mí, representa la confirmación de violencias mucho más crueles de lo que la consultante está en condiciones de aprehender, por lo tanto suelo sugerir que se pongan en contacto y que ahora que todos son grandes, intente hacerles algunas preguntas muy específicas sobre ciertos recuerdos confusos de la infancia que han compartido.

En este sentido, Internet es de gran ayuda. Acerca las historias y permite corroborar casi instantáneamente que estamos buscando la verdad.

Reconstruir durante la adultez la realidad de los abusos en la infancia es esencial si pretendemos desviar la crianza de nuestros hijos hacia destinos más felices y, sobre todo, más compartidos. Sólo comprendiendo lo que nos pasó, desnudando el desamparo en el que nos hemos criado, reconstruyendo a su vez los desamparos de los que han sido víctimas nuestros padres cuando fueron niños y buscando, cual detectives, todas las piezas faltantes hasta terminar el rompecabezas de nuestra vida, podremos saber con qué contamos cuando un niño nos reclama brazos o mirada o atención. A lo sumo sabremos que no tenemos restos emocionales para responderle, pero podremos buscar ayuda. Sabremos que lo que esos niños nos demandan es legítimo y saludable. Seremos conscientes de nuestras limitaciones y trataremos de trabajar para aumentar nuestras capacidades maternantes y altruistas.

Si podemos hacer todo esto, será un gran logro para festejar y compartir.

Otras formas de violencia: las alianzas

Cada vez que en Crianza una madre que consulta en el ámbito de una entrevista individual o grupal, logra **organizar una alianza sutil** con alguna profesional, prendo el semáforo en rojo y paro las rotativas. Me interesa detectar los niveles de violencia sutil antes de seguir avanzando, porque, seguramente, ya no estamos pudiendo trabajar con las zonas oscuras de la mujer que consulta. Por otra parte, si hay alianza, significa que hay un territorio codiciado del que apropiarse y que el individuo busca fortalecerse para "ganarlo". Entonces, hay violencia y sólo nos resta determinar cuál es la modalidad, aunque sea invisible.

Un ejemplo: se trata de Josefina, una mujer con un pasado difícil, de desamparo y soledad. Identificada con el sufrimiento y el sacrificio;

extremadamente delgada, consumida y débil. Es voluntaria en un grupo de ayuda a la lactancia, se queja del marido. Razones siempre existen, claro. Este señor tiene actitudes activamente violentas contra Josefina: levanta la voz, se enoja, tiene ademanes bruscos, la amenaza, etc. Las compañeras del grupo y las coordinadoras ven a alguien tan suave y con un pasado tan difícil que la amparan y la comprenden, cosa que está muy bien. Parece que el deseo del marido está siempre presente y que Josefina no tiene voz ni voto en esta pareja. En un grupo de mujeres es relativamente sencillo acordar entre todas que ella también tiene que hacer valer su deseo.

Sin embargo, pregunto específicamente por los enojos del marido, buscando algún "motivo", al menos aparente. Y claro está, aparece. Este marido se niega a asumir la paternidad del primer hijo de Josefina, que ha tenido en años anteriores con otra pareja. Este deseo de Josefina está siempre presente en la "guerra" que ha iniciado con su esposo, pero en el grupo de esto no se habla, porque Josefina es siempre muy callada y muy buena y muy suave.

Entonces me intereso especialmente por la lucha que Josefina entabla para imponer su deseo, fantasía, necesidad o como quieran llamarlo. Y no está dispuesta a escuchar lo que este señor viene a decir. Porque **no puede escuchar un deseo diferente del de ella, ya que su sensación es de muerte.** No es exagerado. Y exactamente lo mismo le pasa a su esposo: enloquece cuando hay un deseo radicalmente opuesto al suyo que quiere invadir todo el territorio emocional, al punto de hacerle perder la cabeza y estallar.

Bien, **esto es violencia**. Invisible, hasta este punto. Lo más difícil es detectar la violencia que ejerce también Josefina, con su dulzura y su austeridad. La violencia está presente desde el momento en que cada uno vive el intercambio afectivo como una guerra donde el deseo propio es lo único que importa y es indispensable lograr que desaparezca el deseo del otro. Se vive como una cuestión de vida o muerte emocional.

¿Cómo abordar un caso como éste, sencillo, simple y común?
Desde la comprensión de la **propia violencia**. Hasta que Josefina no se comprenda a sí misma violenta, no podrá operar ningún cambio. Hasta que no registre que cada deseo propio no puede coexistir con un deseo diferente del suyo y que esto responde a una vivencia infantil de desamparo, no saldrá del circuito de violencia que ella misma instaura, con la complicidad inconsciente de su esposo.

Otro ejemplo: Lucila relata con lujo de detalles escabrosos, en el seno de un grupo de madres, el maltrato al que su marido la somete durante los encuentros sexuales. Entre las mujeres que la escuchan hay una mezcla de fascinación, curiosidad y espanto. Las profesionales, impactadas por la perversidad de ese señor, la incitan a cuidarse, a no someterse y a salvarse de tamaña brutalidad.

Pero ya sabemos que se necesitan dos para bailar el tango, y en las dinámicas violentas esto es más cierto que nunca. Dentro de un gru-po de mujeres es bastante fácil obtener la aprobación y una buena cuota de alianzas. Por eso incito a investigar cómo opera la violencia sutil de Lucila para activar en ese varón –también violento, por supuesto– la descarga de su ferocidad y su enojo. Pero cuando las profesionales intentan abordar a Lucila desde la comprensión de su propia violencia, ella, seductoramente, hace alianzas con algunas mujeres del grupo –en general, las más débiles y solas con sus hijos en brazos– para hacer un juego de alianzas por fuera del trabajo terapéutico. Estos movimientos suceden a diario entre amigos, grupos de pertenencia, grupos de estudio, etc. Pero en un ámbito terapéutico, es justamente lo que hay que desactivar: la alianza como indicador de violencia. Porque en la medida en que me fortalezco uniéndome a más "personas-que-piensan-como-yo" creo ganar alguna batalla emocional. Y esto es todo lo que hay para comprender al inicio de un recorrido. Entender que no me importa saber lo que le sucede al otro (en este caso, podría ser al marido de Lucila), sino que sólo me importa tener razón para ganar.

Estos son casos donde fácilmente podemos caer en la tentación de dar la razón a la persona que consulta, porque los individuos violentos solemos ser buenos estrategas para consolidar aliados. Y desde el lugar profesional tenemos que estar atentos para no confundirnos: una cosa es la **solidaridad con la totalidad del ser** y otra muy distinta es la **alianza con el lugar de identidad** que adopta un individuo.

Otro ejemplo: Annabella llora en el grupo por su soledad ya que se ocupa todo el día de su hijita, mientras el marido trabaja y no atiende sus reclamos. Describe a este hombre como egoísta, sólo pendiente de su trabajo y de sus momentos de ocio. Una vez más, en el grupo solidario de mujeres, todas somos capaces de comprender y de identificarnos con la soledad que representan las largas horas del día con un niño en brazos, sin un hombre que regrese temprano a casa para aliviarnos la tarea. Annabella llora todo el tiempo. Al ingresar en su biografía humana, descubrimos que ha padecido de depresiones durante muchos años, antes del nacimiento de la beba. Hace siete años que está casada; este hombre siempre ha trabajado y la ha incitado a estudiar, a investigar y a ocuparse de sí misma. Pero la mayor parte del tiempo lo ha desperdiciado en depresiones y en consultas médicas. Su padre ha sido y sigue siendo alcohólico, su madre ha sufrido de depresiones y ella siente que tiene que hacerse cargo de ellos, aunque explícitamente no lo demandan.

Para traer la otra cara de la verdad, pregunto por la posición del marido. Sencillamente, quiero saber qué opina el marido y qué reclamos tiene con respecto a Annabella. Es una manera elegante de no permitir la alianza a través de la identificación, por el sólo hecho de ser mujeres. Entonces Annabella cuenta ingenuamente que el esposo ya no sabe qué más hacer por ella, ha traído su oficina a casa para estar más cerca y poder atender sus necesidades, ha suspendido viajes de trabajo, pero siente que haga lo que haga, no logrará satisfacer a su mujer.

Traigo este ejemplo tan común y corriente, justamente porque en los casos sencillos y ordinarios se esconden las maniobras más sutiles de las alianzas inconscientes. Posiblemente, tanto Annabella como su esposo estén –como casi todos– enredados en historias violentas en mayor o menor grado, y que Annabella, claramente, desde su posición infantil de "yo quiero, yo necesito, yo primero", sólo pueda nombrar sus necesidades como únicas merecedoras de atención, sin que en todo el relato haya habido el menor interés en saber cómo se siente su compañero, qué cosas le pasan, qué necesita y qué espera de ese vínculo amoroso.

Dicho sea de paso, las depresiones, en todas sus formas, suelen ser también "enfermedades" desde donde obtenemos el permiso legítimo de pedir, pedir y pedir.

Infantilmente necesitados, pedimos lo que sea y, generalmente, hay un otro –cual madre dadora– que se instala en el otro polo para satisfacer a rajatabla. Las depresiones suelen ser muy difíciles de detectar como mecanismos de violencia vincular y raramente los profesionales desarmamos estos circuitos. En estos casos, es menester trabajar con el altruismo, acompañar al individuo a interesarse genuinamente por el otro, a entrar en un vínculo de intercambio, porque allí encontrará la vitalidad y la alegría que aporta la madurez.

Otro ejemplo de desarticulación de la depresión: llega Esther al consultorio con una depresión que ya lleva cinco años, muy medicada psiquiátricamente y casi imposibilitada de moverse por sus propios medios. Brevemente, les contaré que Esther pierde a su madre a los nueve años, que fallece de cáncer en un lapso muy breve. Los recuerdos de esta madre son dulces, floridos y reflejan un paraíso perdido. El padre de Esther se casa rápidamente con una madrastra muy mala. La adolescencia de Esther transcurre bajo los tormentos de esta madrastra-bruja y, llamativamente, el padre no aparece en ningún relato, ni defendiendo a las niñas huérfanas ni permitiendo que sean devoradas activamente por la bruja que él trajo a casa. Hasta aquí estamos dentro del arquetipo de cualquier cuento de hadas.

Esther se esfuerza, estudia, se convierte en maestra como su madre y siendo una hermosa y joven mujer, se casa con un hombre muy buen mozo y educado que vino a rescatarla. No es ironía, estoy transcribiendo fielmente el relato de Esther. Esther y Fernando tienen dos hijas. Esther se dedica a ser una buena madre, a criarlas, a llevarlas a los mejores colegios y a estar disponible para colmar cualquier necesidad, sobre todo atenta a que no padezcan la soledad ni el desamparo que ella sufrió de niña.

Cuando la hija mayor empieza cuarto grado y la menor empieza el primer grado de la escuela primaria, es decir, cuando ambas están escolarizadas todo el día, Esther tiene accesos de llantos y le diagnostican una depresión. Acude al médico, luego a varios médicos, tiene dolores raros y pasa sus días entre estudios y análisis, salas de espera, medicamentos y diagnósticos varios. Cada vez más necesitada de sus pastillitas de colores, aumenta las dosis a tal punto que ya no puede siquiera conducir su auto, por lo tanto se ve obligada a dejar de buscar a las niñas a la salida de la escuela. Necesita dormir cada vez más, ingerir cada vez más medicación y aunque aún es muy bella y joven, su vitalidad se ve comprometida.

Cuando la veo por primera vez, insiste en contarme con lujo de detalles los últimos partes médicos, me muestra un legajo enorme lleno de escritos en letras incomprensibles, pero no me interesa en lo más mínimo echarles un vistazo. Se ofende. Pretende describirme los pormenores de su última enfermedad, pero le digo que no me interesa en absoluto. Sus ojos me miran desorbitados. No puede creer mi osadía de no interesarme en sus enfermedades.

Hago un cálculo rápido sobre las fechas y las edades de las niñas, y descubro que cuando su hija mayor tenía exactamente nueve años –la edad que ella tenía cuando falleció su mamá– empieza su caída. En ese preciso momento Esther también decide morir. Su mamá murió físicamente, Esther no lo logra, pero intenta suprimir todo lo vital que hay en ella. Me mira sorprendida.

Le explico que fue en busca de profesionales que cayeron en la alianza. Pidió compasión y la obtuvo. Pidió desvitalizarse y enfermarse, y lo obtuvo. Pidió dormir cada vez más y lo obtuvo. Resulta claro que había activado automáticamente la pérdida de su mamá en una época muy temprana y estaba repitiendo un patrón inconsciente. Ahora no podíamos conocer los motivos profundos por los cuales la mamá de Esther decidió enfermarse y despedirse. Pero Esther no es su mamá. Y tiene una vida por delante para explorar.

Le aclaro que no pienso interesarme por sus depresiones, ni por sus enfermedades ni por su medicación, que eso no es asunto mío. Esther me mira desorientada sin poder creer que **realmente** esos temas no me importan en lo más mínimo. Le propongo que trabajemos a favor de su vitalidad. Ya que no había tenido el coraje de morirse de verdad como hizo su madre, entonces estaba obligada a vivir la vida con toda su potencia creadora. Le pregunté qué cosas le gustaban, qué la hacía feliz, cuáles consideraba sus mayores virtudes. Ella había amado la docencia en el pasado, pero la había abandonado cuando tuvo a sus hijas. Rápidamente empezó a ofrecer a escuelas de niños necesitados sus horas para ayudar a los chicos a hacer las tareas, apoyarlos en sus dificultades y acompañarlos en horarios extra escolares. Sus hijas la vieron tan entusiasmada que pidieron faltar a sus clases para acompañar a su mamá en esta tarea que la vitalizaba.

Bien, no describiré más detalles sobre la historia de Esther, pero quiero recalcar que la depresión esconde un egoísmo que se instala como dinámica violenta cuando pretendemos obtener, obtener y obtener, como si el mundo se fuese a acabar. Y en el hecho de obtener, perdemos toda vitalidad. Cuando somos adultos, lo vincular pasa por el intercambio. No puede haber vínculo cuando un solo individuo pretende obtener para sí todo lo vital que hay disponible en un campo emocional.

Las personas con depresiones reiteradas suelen aliarse con los profesionales en los que buscan ayuda, porque nadie imagina que **el depresivo es un violento pasivo**. Pero, sin embargo, sutilmente, dirige la atención, la preocupación y la medicación hacia el hecho de permanecer siempre necesitado de los demás. Su necesidad reina en todo intercambio, incluso en el de la consulta con el profesional.

El caso de Esther sirve para darnos cuenta de que compadecernos y dar la razón una vez más, es alimentar la alianza sin tener el valor de descubrir los lugares sombríos que tienen que salir a la luz. En este caso, se trata de resignificar el dolor por la pérdida de su madre durante su infancia, pero ahora que es adulta, ese daño tiene que traer una comprensión y una certeza acorde con la madurez de la vida. Autorizarle que continúe escondiéndose en la misma novela, no le va a permitir transmutar ese dolor en algo bello y vital para ofrecer al mundo.

Insisto en que las personas más amorosas, simpáticas y agradables pueden manejarse, aunque no lo sepan, con dinámicas violentas sutiles. Y que un modo sencillo de detectarlo, es estando atentos a no caer en alianzas por simpatía, atracción o identificación con el otro, sino estando alertas para traer siempre la "voz del abogado del diablo". O la sombra, como más nos guste llamarla.

Diferencias entre violencias activas y pasivas

Solemos pensar que la violencia sutil puede no ser tan letal como las formas de violencia devastadoras que conocemos, como en los casos de maltrato físico, abuso sexual, amenazas verbales, golpes o gritos. Yo no estoy tan segura.

En las familias donde el abuso y la violencia física han sido moneda corriente, una vez que se abordan, pueden llegar a ser tan lineales y fáciles de detectar que allanan el camino de quienes intentan desentrañar el relato y el ordenamiento de los recuerdos.

Una vez que superamos el impacto −desde el lugar profesional vale la pena estar preparados, conocer muchas historias y no estar recibiendo "bombas" desde la ingenuidad del propio mundo rosado− cualquier relato que incluya escenas claras, concretas y tal vez espeluznantes, permite un orden claro y preciso, y no hace falta dar muchas vueltas para que todos sepamos con claridad que se trata de una historia de violencia, con muchos personajes implicados, donde habrá que aprender a separar los tantos y reconocer, sobre todo, las dinámicas violentas del individuo que consulta.

Las diversas formas de violencia pasiva conllevan la dificultad de tener primero que desentrañar que se trata de **violencia.** Porque en principio no se nota, no se sabe, no se supone. Entonces perdemos mucho tiempo deslizándonos por los toboganes de las alianzas inconscientes, hasta que en algún momento, con suerte, sospechamos que algo no funciona bien.

Personalmente sugiero, para no perder tiempo, empezar **siempre** por la construcción de la biografía humana del individuo que consulta. Si abordando la infancia, detectamos diversos grados de desamparo y desatención, entonces, con seguridad, se instala alguna dinámica violenta. Lo que tendremos que hacer luego es simplemente **revisar qué mecanismos de violencia se fueron organizando en la psique** del individuo y dentro de los modelos vinculares. Ése es todo el trabajo: detectar la modalidad. No hay duda de que el adulto va a compensar siempre **violentamente**, es decir, desde la necesidad infantil, lo que no fue obtenido naturalmente en la infancia. Lamento ser así de explícita. Pero no vale la pena perder tiempo cuando la gente sufre. No importa que la mayoría de los individuos en la sociedad civilizada compartamos diversos grados de violencia. Esto no la hace desaparecer. Al contrario, sólo pone en evidencia que hay algo muy profundo y sencillo a la vez que tendremos que modificar como sociedad.

Tales cambios se refieren a algo tan fácil como sostener a los bebés desde que nacen, fusionar con los bebés para encontrarnos con nuestro propio niño interno, despojarnos del mundo externo para ingresar en el maravilloso mundo fusional, atender las alteraciones de la conciencia, irnos de nuestra vida cotidiana por un rato. Eso es todo. Pero en la medida en que **luchemos contra estos feroces enemigos que son los bebés recién nacidos que damos a luz, la violencia será nuestra realidad cotidiana.** Y que sea totalmente común y usual no le quita el mérito de llenarnos de miedo y confusión.

Capítulo 8

Escolaridad, soledad y adicción

Maternidad consciente para criar hijos en libertad.
Escolaridad y carencia de maternaje.
Celeste está enojada.
El famoso "ADD" y la medicación psiquiátrica.
Juan y los caballos.
Niños índigo, niños cristal, niños arco iris
y niños como sea que los queramos llamar.
Exceso de estímulos en los niños
y preparación para la adicción a la vorágine.
Creando adolescentes en riesgo.

Maternidad consciente para criar hijos en libertad

Los niños dejan de ser niños cuando está llegando a su fin la fusión emocional, como modo de vincularse con el mundo, y se van convirtiendo en seres separados. Se posicionan psíquicamente desde una distancia óptima para observar a sus progenitores, en primera instancia, y a toda aquella persona que medie entre su sí mismo y el mundo.

Alrededor de los 14 años, cada individuo empieza a tener claridad, visión, perspectiva, sobre de dónde viene y más confusamente... varios caminos posibles hacia dónde ir. Es un período muy crítico, sobre todo para nuestra sociedad que no tiene organizados rituales de pasaje, ni un nombre que caracterice a este estado tan perturbador como es el inicio de una conciencia separada y la capacidad de tomar decisiones responsablemente.

El "adolescente" en este momento tiene muy mala prensa. Hace referencia a todo lo que los muy jóvenes aún no pueden hacer correctamente.

La capacidad que un individuo necesita en el momento de hacerse cargo emocionalmente de sí mismo depende –obviamente– de la calidad de la fusión emocional y de las experiencias de maternaje que ha recibido durante toda su infancia. Y, sobre todo, de la madurez con que los padres –especialmente la madre– han encarado la lenta separación emocional.

Me refiero especialmente a la traducción que la madre puede ir haciendo de los "deseos" personales de cada niño, de los gustos, de sus inclinaciones naturales, de sus elecciones o rechazos, del modo de vincularse, en fin, de cómo la madre puede mediar entre el niño y su propio deseo. Por ejemplo, un niño tiene inclinaciones musicales, pero es tímido, y en las clases grupales de música de la escuela no se destaca –justamente por su dificultad vincular, no por falta de interés en la música–. Una madre que interpreta el interés genuino de ese niño, buscará la manera de acercarlo a la experiencia musical de un modo posible y placentero para él.

En un caso contrario, una madre amante de la música, que tiene grandes expectativas de que su hijo aprenda a ejecutar un instrumento musical, arrastrará al niño a las clases de piano... sin observar que ese hijo en particular posee destreza física y entusiasmo en el movimiento corporal y que ama la actividad al aire libre. Obviamente, en este caso es una madre que no "traduce" las "señales" que su hijo va teniendo con relación a su despliegue personal en el mundo.

Pues bien, **apoyar la lenta separación emocional tiene que ver con acompañar la constitución del "yo" en armonía con el "yo profundo".** Y, paradójicamente, son los niños quienes tienen mayor cercanía con el "sí mismo", ya que con el transcurrir de los años, los adultos solemos perder la capacidad de reconocer nuestras "señales" que nos guían hacia nuestros lugares propios, íntimos y personales.

Ahora bien, para acompañar a un niño en el reconocimiento y exploración de su propio deseo, se necesita gran madurez emocional por parte del adulto maternante. Porque ese niño, apenas **desea algo por sí mismo, nos deja de pertenecer.** Y, por otra parte, ingresa en el campo emocional compartido con un deseo propio y diferente del nuestro. Ahora se torna evidente algo que podíamos sospechar cuando el niño era pura fusión y que se alojaba en el romanticismo de la célebre poesía de Kahlil Gibran: "Tus hijos no son tus hijos...". Cuando un niño se conecta con su propio deseo, individual, diferente, único... es el momento de acompañar un deseo que tal vez ni siquiera podemos comprender.

No estoy afirmando que cualquier capricho de caramelos, juegos o paseos merezca el acompañamiento del adulto. No. Hablo de deseo profundo con relación al ser esencial, de pautas que hacen a la personalidad y constitución de cada individuo.

A lo largo de toda la infancia, los niños van "probando", a través de múltiples actividades, sus virtudes, destrezas, aptitudes, como así también sus incapacidades en tal o cual actividad. El acompañamiento franco y libre les permite a los niños usar el máximo de fantasía y deslizarse entre actividades aparentemente disímiles, ya que en la diversidad encontrarán su vibración. En cambio, los niños guiados por el deseo de sus padres estarán eternamente prisioneros del deseo de los otros, sin averiguar nunca quiénes son en el fondo de su ser.

Para permitir a los niños tamaña experiencia, se precisan **padres sin miedo**. Padres que confíen en la búsqueda genuina de ese niño. Padres que confíen, a su vez, en la búsqueda que vienen realizando para sus propias vidas.

Posiblemente la palabra clave sea: **confianza**.

Hoy en día, en un país con tantos avatares políticos y económicos como es la Argentina, los padres de clase media y alta tenemos una sola preocupación inundada de temor: que el niño tenga las "herramientas" suficientes para trabajar y ganar dinero cuando sea adulto. Nuestros abuelos que inmigraron de Italia, España y Europa del este tuvieron un objetivo: que sus hijos estudiaran y fueran profesionales. Ahora –que en la gran mayoría de los casos somos hijos y nietos escolarizados– el mandato es otro: que sepa mucho inglés y computación para tener un buen puesto de trabajo y ganar suficiente dinero para ser feliz.

Aunque sea comprensible la preocupación de los padres actuales, es importante detectar que es un **deseo basado en el temor personal**, no en la mirada genuina de cada niño en particular. Ni siquiera basado en el mundo que estos niños vivirán dentro de veinte o treinta años, ya que estamos totalmente desconcertados y no tenemos la más mínima idea sobre lo que vendrá. Por lo tanto, los estamos preparando para paliar nuestro miedo, en lugar de entrenarnos mutuamente en la separación emocional y facilitarles a nuestros hijos la búsqueda genuina de su propio yo.

Obviamente, y tal como hemos descrito en los capítulos anteriores, si el ingreso de un deseo diferente en el campo emocional compartido, nos **amenaza**, al punto tal de no permitir que nuestro hijo vaya a una escuela de tenis, estudie violín o participe en una escuela de magia... porque no es lo que teníamos previsto para él, esto da cuenta del miedo que tenemos de quedar fagocitados por el deseo de ese hijo. Y queda claro también que éste es un miedo infantil, que no condice con la "realidad objetiva". Pensemos que si ingresa un deseo diferente, estoy obligada a dejar fuera mi propio deseo. Éste es un mecanismo inconsciente que no es sencillo registrar. Y que se organizó en nuestra primerísima infancia, cuando nuestra propia madre vivía cualquier deseo nuestro como amenazador de su frágil estructura emocional. Nosotros repetimos –desde supuestas decisiones adultas– el miedo a quedar fragilizados y "desaparecer" si el deseo de otro –nuestro hijo– hace su aparición en escena.

Personalmente, me llama muchísimo la atención la poca disponibilidad que tenemos los padres frente a la manifestación de deseos genuinos en los niños que ya pueden expresarse verbalmente. Y la masificación por parte de los adultos de lo que hoy en día se considera "prepararlos para el futuro". Intentaremos en el presente capítulo abordar la temática de las elecciones de escuelas y lugares de formación que ele-

gimos para nuestros hijos y la rigidez estructural con la que común-
mente nos manejamos.

Escolaridad y carencia de maternaje

Hace unos cuantos años, había muy buenos jardines de infantes en la
Argentina; algunos, con excelentes proyectos pedagógicos. Se consideraba "jardín de infantes" al ámbito donde se recibía a niños de entre
tres años y cinco años. Luego ingresaban en la escuela primaria, es
decir, a la "escolaridad" propiamente dicha. También funcionaban los
"jardines maternales", donde se recibía a bebés desde los cuarenta y
cinco días hasta los tres años, momento en que pasaban a un jardín de
infantes con otro nivel de actividades. Los "jardines maternales" eran
considerados lugares de cuidado y atención de bebés, por lo tanto, no
entraba el concepto de "escolaridad".

Las buenas escuelas primarias, con alto nivel en la calidad de estudios, fueron incorporando en su oferta la sala de "preescolar" –que ha
devenido obligatoria– correspondiente a los niños de cinco años. Con
esta adquisición, comenzaron a instruir a los niños de cinco años lo
que antiguamente se enseñaba a los niños de seis años: básicamente
las primeras herramientas de lecto-escritura. Con el tiempo –y sometidos a ciertas urgencias financieras– estas mismas escuelas primarias
han ido incorporando en sus instituciones las salas de cuatro años,
luego las de tres años, luego las de dos años... y ya que estamos, han
desarrollado la inclusión de las salas de bebés desde los cuarenta y
cinco días.

Este fenómeno ha generado algunas consecuencias: la primera es la
lenta desaparición de los buenos jardines de infantes, que han ido
cerrando sus puertas ya que los niños emigran hacia los colegios

donde los padres tienen asegurada toda la carrera escolar (primaria, secundaria y, a veces, estudios terciarios). Estos términos para describir las diferentes etapas de la escolaridad hoy en día son obsoletos. Contamos con una Ley Federal de Educación que se ha instalado en la Argentina una vez que dio pésimos resultados en otros países supuestamente más desarrollados que el nuestro. La cuestión es que la ex escuela primaria hoy se llama EGB (Escolaridad General Básica) y cuenta con nueve años en lugar de siete y la antigua escuela secundaria de cinco años hoy en día cuenta con tres años y se llama Polimodal. Pero al fin de cuentas, los problemas son los mismos, sólo que los padres estamos más desorientados al hacer los cálculos de los grados o los años en los que se encuentran nuestros hijos.

La cuestión es que los colegios –devenidos enormes centros de estudios– tienen más interés educativo en las etapas primaria y secundaria, y el jardín de infantes (iniciado a veces durante la etapa de gateo) es apenas un lugar transitorio para acceder al verdadero destino, que es la escolaridad. Por lo tanto, el pensamiento en el origen de la institución y la valoración de los docentes suele estar lejos de la realidad emocional de los bebés y niños pequeños.

Por su parte, los ex jardines de infantes que se han quedado sin alumnos, con docentes especialmente capacitados para atender las necesidades de niños de tres, cuatro y cinco años, se han vaciado. Para no cerrar sus puertas, "bajan" las edades, abriendo salitas de dos años, de un año, de bebés... es decir, se convierten en jardines maternales. El despropósito de estas corrientes migratorias es que los grandes colegios se terminan ocupando de niñitos que lloran por su mamá, cuando estaban abocados a la Historia, las Lenguas extranjeras y los nuevos métodos para la enseñanza de la Geometría. Y, por su parte, los jardines de infantes se encuentran con bebés que no hablan ni controlan esfínteres, cuando están preparados para desarrollar métodos lúdicos alternativos. En fin, nadie está donde tiene que estar... y los niños se encuentran muy perjudicados.

Como hemos visto, el término "escolaridad" se ha vuelto obsoleto, ya que antes nos referíamos al inicio de la escuela primaria y al acceso a la lengua escrita y las matemáticas. Pero ahora ya no sabemos a qué nos referimos. Los niños de jardín de infantes, es decir, **en edad de ju-gar**, concurren a la escuela durante la jornada completa; parten de sus casas a la mañana temprano cuando sus padres se van a trabajar y regresan al final de la tarde cuando sus padres también regresan. Están escolarizados; por lo tanto, los docentes tienen todo un programa meticulosamente aprobado por las autoridades educativas, que tienen la obligación de cumplir. En la medida en que el colegio es más prestigioso, las exigencias sobre el desempeño son mayores, al punto tal de que niños de cuatro años pasan exámenes de inglés. Sí. Están sometidos a exámenes para determinar el nivel adquirido del idioma.

Muchos de estos niños están agotados y estresados –un término que ya no es patrimonio de los adultos–. Las largas horas pasadas en la escuela son extenuantes y ya no les quedan fuerzas para jugar ni divertirse. Prefieren una actividad bien pasiva como mirar televisión o comer golosinas frente a los jueguitos electrónicos.

La vida se ha vuelto exigente para los niños de clase media y alta, que participan en innumerables actividades... pero que no tienen tiempo de preguntarse qué les gusta... y, sobre todo, no tienen tiempo para el silencio, para el juego solitario, para el encuentro con el propio ritmo interior. Tampoco encuentran en la lectura el espacio de fantasía e imaginación con el que nutríamos de hadas y duendes nuestra vida cotidiana cuando éramos niños, los que ahora somos adultos.

Es asombroso que las propuestas educativas sean **tan iguales** entre sí; casi todos los colegios ofrecen el mismo tipo de instrucción: inglés y computación. Las escuelas públicas intentan imitar estas propuestas y aspiran a ofrecer cada vez más horas extracurriculares gratuitas de inglés y computación. Y quedan marginadas algunas propuestas pedagógicas para niños sensibles: la música, la danza, el teatro, la plástica, la literatura, el juego, el ajedrez o la acrobacia. U otras propuestas para niños más "físicos", como las actividades físicas, los deportes, la vida al aire libre, la pesca, el camping, la natación. O para niños con interés en lenguas extranjeras, viajes, culturas diversas, etc.

Todo esto estaría muy bien si los niños no terminaran agotados, sin vitalidad y agresivos con sus hermanos al llegar a casa. Son tantos los padres que consultan por niños estresados, ansiosos, nerviosos o excesivamente pasivos... que debemos hacernos cargo de estos síntomas con la seriedad que merecen.

Lo que los niños ya no hacen es quedarse en casa, jugar en el cuarto, invitar amigos con suficiente vitalidad para divertirse. Los padres preferimos que los niños no estén en casa, porque allí la actividad preponderante es mirar televisión. Y miran televisión porque no hay nadie disponible para **mirarlos** a ellos. Por otra parte, el exceso de exigencias intelectuales, cada vez más tempranas en las escuelas, reprime los vestigios de juego y fantasía, que los niños modernos ya no logran desarrollar. Hoy en día los niños se aburren, a menos que consuman pasivamente televisión o computadoras. El juego desaparece como modo de vincularse consigo mismos y con los demás.

En consecuencia, las madres que trabajamos contamos prioritariamente con la escuela como lugar de contención y permanencia de los niños durante el día. Y le pedimos a la escuela que se haga cargo de la contención afectiva y de la exigencia académica. Por eso, es cada vez mayor la demanda de extensión de horarios escolares y es un alivio cuando el niño "llega" a la salita de cuatro años con la categoría de "jornada completa". Si como sociedad estuviéramos dispuestos a organizar comunitariamente los lugares de juego, recreación, socialización y descanso, bien podría ser la escuela ese lugar receptivo y amoroso para los niños. Sin embargo, a la necesidad familiar de "dejar al niño en algún lugar" se responde con mayor exigencia intelectual, por lo que nos encontramos con niños de cuatro, cinco o seis años agotados por las tareas de Inglés, Matemáticas, o Lengua.

Es legítimo que las madres busquemos instancias suplementarias para la educación y la crianza de nuestros hijos y, en la medida que nuestras jornadas laborales se extienden, necesitemos que los niños estén cuidados por personas idóneas. Pero nos engañamos a nosotras mismas si creemos que el niño "necesita" ir al colegio más exigente, prestigioso y renombrado de la zona. Sobre todo porque **los colegios célebres por el nivel académico son inversamente célebres por la comprensión y el acompañamiento de los niños más pequeños.**

Los padres depositamos exageradamente nuestras expectativas en el desarrollo intelectual del niño. Esto es posible sólo si el período de la fusión emocional, es decir, durante los dos primeros años de vida del niño, la vivencia de fusión, entrega, silencios, tiempo, paciencia, leche, mirada, disponibilidad y disolución de la propia identidad han constituido realmente un maternaje suficientemente nutritivo tanto para la madre como para el niño. Sólo en esos casos, el niño estará tan "lleno" de mamá que podrá enfrentar las exigencias externas desproporcionadas para su edad, sin herir su ser esencial. Pero sabemos que, en general, no es esto lo que sucede; al contrario: las madres con menos disponibilidad emocional y psíquicamente más frágiles, necesitamos delegar en otras instancias lo que nos falta: estructura emocional. Pero **la escuela no**

ofrece estructura emocional. Ofrece instrucción, acceso a la cultura, socialización y espera resultados concretos. Insisto en que, con una base emocional más sólida, los niños pueden confrontar con este nivel de exigencias. Pero los niños que llegan más "huérfanos" de materna-je –es decir, casi todos– atraviesan la escolaridad con heridas sangrantes, no logran responder como se espera, pierden vitalidad, dejan de jugar, se pelean con cualquiera en cualquier oportunidad y desplazan su sufrimiento hacia algún síntoma visible.

Entonces sí, los padres consultan por los síntomas molestos: el muy de moda "ADD" (ver siguiente subtítulo), las enfermedades a repetición, el agobio, el cansancio, los nervios, las pesadillas, la enuresis, la agresividad o, por el contrario, la extrema timidez. Suelo preguntar a los padres desde el inicio de la consulta, por el deseo de los hijos: "¿Qué es lo que más le gusta hacer?". Generalmente me responden que les gusta jugar con la computadora. Pero si insisto un poco más, indagando en alguna actividad que hayan compartido con ellos o algún momento en que hayan notado al hijo especialmente feliz... surgen innumerables muestras de entusiasmo por una clase de gimnasia artística, por la música, por la equitación, por las manualidades o por la mágica casita de muñecas olvidada en la habitación de la señora que cuida a la abuela. Pero resulta que eso que entusiasma tanto al niño, no hay tiempo de desarrollarlo o no lo merece "hasta que no logre buenas calificaciones en la escuela", con lo cual permanecemos cada vez más lejos de la búsqueda interior del niño.

Obviamente, no es posible acompañar a un niño en edad escolar en sus múltiples búsquedas, si uno no tolera entrar en contacto con los propios deseos perdidos u olvidados, porque eso nos conecta con un dolor profundo, con la parte más sufrida de nuestra infancia. Todo lo que no fue escuchado por nuestros propios padres... y que hemos estado obligados a relegar a la sombra, aflora a través de "los deseos muy deseantes" de nuestros hijos... y aunque no lo sepamos conscientemente, es como un puñal para nuestro corazón hecho pedazos.

Es lo que constato a través de los relatos de muchísimos padres, genuinamente interesados y preocupados por sus hijos, con posibilidades económicas de ofrecerles "todo" para su bienestar... pero que sucumben ante los deseos diferenciados de sus hijos. La incapacidad de los adultos para escuchar y acompañar las búsquedas de los niños es inmensa. Creo, sinceramente, que tiene que ver con ese dolor antiguo que se activa, recordándonos que siendo niños, **el "desear" estaba vedado**.

Por otra parte, los padres solemos depositar en las escuelas expectativas desmedidas, y esperamos que contengan a los niños de un modo que nosotros no somos capaces. Y las escuelas no lo logran, ya que, a pesar de tratarse de niños de seis a trece años, siguen aún **manifestando la sombra familiar**. Esto significa que lo que el niño expresa es de orden emocional y eso sólo se puede comprender o resolver **en casa**.

Celeste está enojada

Conozco a la mamá de Celeste desde que Celeste nació. Fue una niña amada, tenida en cuenta, amamantada y suficientemente sostenida. Cuando llegó la edad de la escolaridad, eligieron para Celeste un típico colegio prestigioso con excelente nivel académico. Sólo que Celeste tenía tres años cuando ingresó en el jardín de infantes. Ese primer año la pasó muy bien, porque era una niña muy simpática, activa y charlatana. En la salita de cuatro años ya tenía que quedarse mañana y tarde, tres veces por semana, y eso la alteró un poco. Empezó a enojarse en casa, a faltarle el respeto a su mamá y a no tolerar ciertas reglas de conducta. Al año siguiente, con cinco años, la obligación de estar en la escuela todo el día todos los días, la desequilibró.

Cuando la mamá de Celeste pidió una consulta conmigo, conociéndonos desde hacía años, tenía toda la intención de explicarme que Celeste estaba muy caprichosa, que necesitaba límites y que yo sabía que ella era una mamá dedicada y amorosa, por lo tanto ella no estaba fallando en su modo de criar a la niña. Y efectivamente era así.

Cuando constaté que durante las vacaciones Celeste se convertía en una niña feliz, que sus peores crisis de llanto y pataleo las hacía a la mañana mientras le rogaba a la mamá que la dejara faltar a clases y al regreso a casa después de un día agotador, en que descargaba su furia y su cansancio sobre cualquier situación que la desbordara, supe entonces que sobre esa niña pesaba una obligación demasiado dura de sobrellevar.

Sin embargo, la mamá no quiso escuchar nada relacionado con la posibilidad de cambiarla de escuela, de reducir sus horarios o de hacerle la vida más fácil. Ese concepto no cabía en su cabeza, porque no concordaba con los ideales de estudio y formación que ella y su marido habían organizado para sus hijos. Pretendía que Celeste se adaptara, se diera cuenta de que ésa era la realidad, y que la realidad suele ser dura.

Por otra parte, con razón esgrimió que "todos los colegios más o menos buenos tienen la misma estructura, los mismos horarios y las mismas obligaciones", con lo cual no era posible que Celeste no se habituara –al igual que cualquier niño– al ritmo que casi todas las escuelas imponen hoy en día. Y tuve que admitir que, efectivamente, la mayoría de las escuelas imponen ritmos totalmente desprovistos de sentido y difíciles de asumir para la mayoría de los niños. Celeste, al igual que muchos otros niños como ella, sigue enojada.

El famoso "ADD" y la medicación psiquiátrica

La sigla "ADD" proviene de las iniciales en inglés de *attention deficit disorders* y pertenece a la gama de las *desabilities*, como el síndrome ADHD, iniciales en inglés de *attention deficit/hiperactivity disorder.*
En buen criollo, son niños que no pueden concentrarse en una sola actividad, que se dispersan y que necesitan mover el cuerpo. Personalmente, creo que eso es lo que define a un niño. Pero son cada vez más frecuentes los diagnósticos de "ADD" y los padres deambulan por consultorios de pediatras, neurólogos y psicólogos tratando de hallar una "solución". Claro que la ansiada "solución" no está en los niños, sino en la posibilidad de cambiar nuestra mirada y de darles a los niños una propuesta educativa acorde con la realidad emocional de cualquier niño sano.

El niño manifiesta el síntoma, principalmente, de la dinámica familiar. A veces es tan compleja la trama vincular dentro de la familia, hay tantas tensiones, culpas, quejas, insatisfacciones y enojos, que el niño "no puede concentrarse" porque está atento a innumerables conflictos emocionales. A veces está pendiente de sostener la depresión de su madre o permanece alerta ante los movimientos que presagian una pelea conyugal o simplemente le preocupa la fragilidad emocional de su mamá, aunque nadie más se dé cuenta de esto. La situación empeora cuando el niño "no sabe de qué se trata". Porque sus padres no lo han conversado honestamente con él o, más frecuentemente, porque los mismos padres no se comprenden a sí mismos ni traducen las dinámicas que ellos generan en los vínculos. Entonces no saben qué es lo que tienen para transmitirle al niño. Desde ya, no relacionan la supuesta hiperkinesis del niño con la desprolijidad y el desorden que reinan en la vida cotidiana.

A esta situación, hay que agregarle las larguísimas horas que un niño naturalmente movedizo tiene que pasar "quieto" en la escuela, donde la única instancia que no ha perdido libertad es la imaginación, que lo traslada a una realidad emocional mucho más placentera que su vivencia cotidiana. Entonces, mientras su cuerpo queda atrapado, la imaginación y la fantasía se despliegan... hasta que el cuerpo no aguanta más y va detrás de esos sueños.

Durante la clase de Ciencias, el niño se ha perdido en su mundo mágico. Su cuerpo se despegó del lugar físico y acompaña la fantasía, olvidando realmente lo que sucede a su alrededor. Esta situación no es necesariamente placentera para el niño obligado a desprenderse de la realidad, ya que ésta le resulta extremadamente hostil, emocionalmente hablando. Insisto en este punto porque puede no suceder nada **visiblemente** perturbador. Es imperceptible para quienes –desde la realidad concreta– soportan a un niño distraído, inquieto y movedizo.

La "solución" que las personas grandes anhelamos es que este niño "aprenda" a portarse bien, quedarse quieto, concentrarse y no molestar. El problema es que este niño tiene su campo emocional totalmente inundado de preocupaciones y no es factible para él desprenderse de todas estas sensaciones confusas y a veces aterradoras. Entonces escapa, se mueve, corre, se oculta, regresa, sube, baja, se ríe, piensa, fabula, inventa, come, cuenta un chiste o molesta a sus compañeros.

Es obvio que para ayudar a un niño a entrar en relación suave con su entorno, ese entorno tiene que ser dulce y placentero, no sólo en el mundo concreto, sino también en su mundo sutil. Para esto será necesario conocer la realidad emocional de la mamá y de las otras personas que entran en el terreno vincular del niño en cuestión. Y trabajar conjuntamente para tomar en cuenta todo lo que el niño siente, pero que nadie sabe que siente. Entonces, cualquier decisión será en beneficio de todos.

Sabemos que no es así como estamos encarando el "problema de los niños ADD".

Quiero recalcar que no considero que éste sea un "problema", es apenas un síntoma que nos puede dar pistas interesantes sobre un funcionamiento familiar determinado. De cualquier modo, la mayoría de los niños terminan medicados por los neurólogos con "tranquilizantes", para alegría de los maestros y de los padres, que al fin van a poder descansar de tanto bullicio y descontrol.

¡Y funciona! Es obvio que si le limitamos la vitalidad, el niño se moverá menos, se apaciguará, tendrá menos energía y, por lo tanto, estará más quieto. Medicado con tranquilizantes, ya no cuenta con suficiente fortaleza para perseguir la fantasía que lo mantenía creativo y vital. Tampoco le resta voluntad para escaparse del sufrimiento emocional que lo devora, o de la soledad en la que se encuentra. Los grandes estamos más tranquilos con el diagnóstico, porque nos da una "respuesta" al problema... y no tenemos que preguntarnos nada más. Es el niño que es "ADD", nosotros no tenemos nada que ver. Pero el niño, con el tiempo, retomará fuerzas y desplazará su pedido desesperado hacia algún otro síntoma factible de manifestar. Apenas alcance los once o doce años, la apatía y el desinterés serán tolerados porque "entró en la edad del pavo" o porque "ya se acerca la adolescencia". Pero los adultos seguiremos perdiéndonos la posibilidad de preguntarnos dónde se alojan los sueños que ya no soñamos.

Juan y los caballos

La mamá y el papá de Juan consultaron porque Juan estaba medicado con tranquilizantes desde hacía años. Había sido diagnosticado con todas las últimas novedades de psiquiatría infantil recién llegadas de los Estados Unidos. En el momento de la primera consulta, Juan tenía once años. Tenía dos hermanas menores, que los padres concibieron en un momento de la pareja más estable que en la época de su nacimiento. Cuando Juan nació, la mamá hizo todos los deberes según las reglas de los más prestigiosos científicos de la ciencia de criar humanos. Con la experiencia que le fue otorgando la maternidad y su propia madurez, la mamá reconoció que, en la actualidad, le parecían atroces la mayoría de las actitudes que había tenido con Juan siendo niño: nunca había atendido ni comprendido sus reclamos, nunca había accedido a dormir con él, nunca estuvo dispuesta a alzarlo en brazos, frecuentemente se enojaba a causa de sus caprichos, etc. Juan creció desamparado y solo. Madre e hijo sostenían una guerra constante, ya que Juan era considerado "un niño difícil y de reacciones imprevistas".

Esta familia pasaba los fines de semana en un campo familiar, donde Juan, desde muy pequeño, había aprendido a montar. Solía irse solo con sus caballos, bien lejos al monte, donde pasaba horas y horas construyendo sus refugios. Era poco sociable con sus primos y vecinos, y los adultos estaban siempre preocupados por ayudarlo a "socializar" y a "hacer amistades". Cosa que a Juan le importaba bastante poco. Juan concurría a la misma escuela donde había concurrido su padre siendo niño. No le iba nada bien, nunca estaba a la altura de las exigencias escolares. Era considerado un niño "ADD", pero desde que estaba medicado, todos estaban más tranquilos.

Le pregunté al padre cómo la había pasado él durante su escolaridad. Me relató situaciones tan duras que me quedé impactada. Se le llenaron los ojos de lágrimas al recordar algunos momentos de vivencias muy crueles, sintiendo aún ese dolor de panza que lo atravesó durante toda su infancia. Se enfermó de asma, con crisis suficientemente graves como para que sus padres decidieran cambiarlo a una escuela pequeña y cercana a su hogar. Luego continuó diciéndome que no conservaba muchas escenas felices en su vida, pero que los únicos momentos de dicha que recordaba, eran los trayectos desde esta escuelita hasta su hogar, en que iba cantando y saltando de felicidad. Los padres lo habían enviado a esa escuela de barrio porque era "débil" y la "verdadera escuela" lo enfermaba. Vale la pena contar a los lectores que este señor es un empresario exitoso y no parece ser muy endeble que digamos.

El padre me confirmó emocionado que se sentía muy cerca de Juan, que eran parecidos, que a ninguno de los dos les atraían el deporte ni el ruido ni la gente ni los hechos sociales. Aunque nunca se le había ocurrido que Juan podía estar sufriendo en esta escuela tan exigente, como había sufrido él. Conversamos un poco informalmente sobre los conceptos tan arraigados que tenemos sobre la educación y la escolaridad en general, y como si se hubiera iluminado de repente me dijo: "Juan sufre en esta escuela, siempre me lo dice. No voy a permitir que siga yendo allí".

A esta altura era obvio que Juan sufría todo el tiempo, en parte por falta de maternaje y en parte por el ambiente escolar. Les pregunté a los padres si alguna vez habían acompañado a Juan hasta esos refugios que él construía en el monte. Efectivamente, algunas veces lo habían acompañado y descubrieron increíbles construcciones, que solito había erigido con barro, troncos, hojas y piedras. Eran su cobijo, su resguardo. Cuando Juan montaba su caballo y galopaba hasta refugiarse en ese hogar de barro y piedras, no era un niño difícil, ni tenía reacciones imprevistas, ni era antisocial. Al contrario, era un niño feliz.

Evidentemente, le sugerí a la mamá ir al encuentro de ese hijo excepcional, galopar hasta su hogar, pedirle permiso para entrar y permanecer junto a él por largas horas. Cosa que esta mamá comenzó a practicar. Y descubrió un hijo increíblemente creativo, sólido, feliz y necesitado del amor de su mamá. En ese contexto iniciaron algunas conversaciones que no describiré en esta ocasión. Pero me interesa dejar en claro que los niños como Juan no necesitan medicamentos que los adormezcan, sino disponibilidad por parte de los adultos para conversar con ellos y permanecer ratos largos mientras nos vamos enterando de qué seres extraordinarios moran en ellos.

Niños índigo, niños cristal, niños arco iris y niños como sea que los queramos llamar

Ya casi todos sabemos quiénes son los "niños índigo". Es el nombre posmoderno que hemos encontrado para llamar a **todos los niños**, teniendo en cuenta la sensibilidad, la fusión con los mundos sutiles, la conexión que tienen con los estados alterados de conciencia, la cercanía con el más allá y el contacto con la sombra colectiva. Suelen preguntarme si yo creo que existen los niños índigo. Y respondo que todos los niños son índigo, no solamente los hijos de los padres que hacen yoga o que practican la meditación trascendental. **Porque los niños son seres fusionales**, aunque los padres no estemos dispuestos a enterarnos de lo que eso significa.

Los niños aun más modernos de padres todavía más avanzados han sido llamados "niños cristal". Estos nombres son efectivamente cada vez más bonitos y encantadores, pero se sigue tratando de niños. Siempre son niños, que, en tanto niños, son efectivamente celestiales. Y ahora apareció un nuevo nombre hermoso y soñador, los "niños arco iris", que me parece precioso, pero que no cambia en nada el asunto. Si todos estos nombres espléndidos y bellos contribuyen a que consideremos a todos los niños como seres excepcionales, por la cercanía que aún mantienen con nuestros aspectos sombríos, pues bien, los acepto todos y me parece magnífico que sigan apareciendo nombres y libros que describen las potencialidades de todos los niños por igual. No hay niños excepcionales y niños que no lo son. La niñez los iguala a todos en sus capacidades perceptivas, intuitivas y telepáticas. El problema no son los niños excepcionales, sino la ceguera con la que los adultos nos vinculamos con la excepcionalidad y la profunda verdad que los niños traen consigo.

Exceso de estímulos en los niños y preparación para la adicción a la vorágine

Hemos visto que **la carencia primaria incita a la compensación** a través de la **incorporación compulsiva** de lo que sea, con **tal de llenar la falta**. Si los padres somos adictos, el modo que tenemos de vincularnos con los niños pequeños puede ser ambivalente: por un lado, no somos capaces de satisfacerlos, porque sentimos que sus demandas emocionales son inmensas y nos destruyen; y por el otro, deseamos satisfacer al niño compulsivamente, con el fin de cubrir velozmente ese "vacío" que nos angustia.

En los tiempos que corren, identificados con el apuro y el "hacer concreto", tenemos a disposición –al menos en las ciudades– una enorme variedad de propuestas "activas" para los bebés y niños muy pequeños, que los padres consumimos para calmar nuestra ansiedad y nuestra perplejidad al no saber qué hacer con un bebé en casa. No estoy afirmando que las actividades en sí mismas sean negativas, al contrario, yo misma recomiendo muchísimas propuestas creativas que circulan en el mercado de la promocionada maternidad. La cuestión pasa por **vincularse con el niño sólo en la medida en que hay algo para hacer y, si es posible, algo para comprar o comer.**

Dentro de este sistema, el ocio y el momento de "estar juntos" se convierte en una situación de consumo. Como el vínculo es dolorosamente penetrante, el adulto necesita una mediación entre su sí mismo y el niño. Allí aparece el objeto mediador: la televisión, la computadora, la juguetería, el pelotero, el ruido, el hastío, el *shopping* o, a lo sumo, el espectáculo. Que son maravillosos y necesarios en sí mismos (no cuestiono su utilidad), pero la cuestión pasa por cómo los adultos necesitados y adictos los utilizamos para no entrar en relación con el dolor que nos supone "sentir" profundamente al otro. Esto es lo que los niños aprenden y luego necesitan: estímulo, consumo permanente y rápida satisfacción. Luego precisan volver a consumir para apaciguar el dolor de la falta.

El modo en que festejamos hoy en día los cumpleaños de los niños es un fiel reflejo de cómo nos vinculamos. En principio, con mucho ruido. La música ya es ensordecedora apenas los niños llegan al evento, los jóvenes que suelen "animar" las fiestas con micrófono en mano, estimulan a los chicos a gritar y excitarse. Las luces de colores giran. Los personajes favoritos hacen su entrada triunfal. El despliegue de disfraces, luces, sorpresas, representación teatral o lo que sea, deja a los niños expectantes y pasivos. Todo sucede a gran velocidad. La comida para los niños suele ser de pésima calidad, aun cuando se trate de una fiesta donde se ha invertido mucho dinero. La norma es servir a los niños gaseosas y productos de copetín de diversos colores, con la excusa de que los niños "no comen otra cosa". Cualquier adulto que participe en una de estas fiestas (y un niño escolarizado tiene un promedio de un cumpleaños por semana), termina totalmente agotado y con dolor de cabeza. Sin embargo, ¿por qué creemos que los niños son capaces de soportar un nivel de estridencia y alboroto mayor que los adultos? Es un despropósito. Pero etiquetamos estas situaciones como "felices", porque los niños salen excitados pidiendo "más": más golosinas, más ruido, más torta, más globos y la promesa de obtener una fiesta parecida cuando llegue su turno para celebrar.

Ya no podemos siquiera imaginar un festejo tan sagrado como el propio nacimiento, dentro de un circuito de intercambio, diálogo, diversión, calma, alegría e intimidad. Posiblemente, el exceso de apego nos amedrenta, entonces preferimos llenarnos de ruido para no escuchar siquiera los sentimientos que afloran con naturalidad. De igual modo, los niños aprenden a vincularse a través de la mediación del ruido y con cierta distancia afectiva, compensando los vacíos emocionales con cualquier sustancia que puedan incorporar para calmar el "hambre" y la necesidad de contacto y mirada maternante.

Esta dinámica de satisfacción inmediata de la angustia sombría somete a los niños a una vorágine de actividades, corridas, horarios superpuestos y estrés, que nos aleja a unos de otros y nos deja un poco más solos. Así, no podemos aprender a dialogar, nos olvidamos de los tiempos internos y pasamos por alto nuestro sutil compás biológico. Cuando no podemos estar a la altura de la cadencia exigida, nos deprimimos, es decir, preferimos abandonar definitivamente la escena del intercambio afectivo. La depresión ya no es patrimonio exclusivo de los adultos. Es una manera desesperada de reencontrar el ritmo inte rior, pero sin conciencia de qué ritmo estamos buscando.

Creando adolescentes en riesgo

Llegamos a la adolescencia cansados. Fuera de nuestro equilibrio, sin saber qué nos gusta, qué queremos ni hacia dónde vamos, insatisfechos y, además, enojados. Es innegable que el enojo en la adolescencia es necesario para lograr la separación emocional definitiva de las personas maternantes, con quienes necesitamos establecer una respetable distancia. Y que también precisamos hacer elecciones diametralmente opuestas a las elecciones de nuestros padres, para afirmar con solidez nuestro "yo separado". Pero una cosa es poner distancia saludablemente y otra es estar alejados de la propia búsqueda personal.

La adolescencia nos encuentra con el deseo de no depender más emocionalmente de nuestros padres, pero, en muchos casos, sin una construcción interna consistente. Entonces, esas ansias de libertad y autonomía las desplegamos sin mucho cuidado. Ya sea alejándonos de nuestras percepciones, consumiendo vorazmente sustancias que nos den una falsa sensación de libertad (tabaco y alcohol, principalmente), o bien enojándonos. Coincide, además, con el período en que se nos solicita a los adolescentes que definamos una identidad, preferentemente a través de la "vocación", pero pocos estamos en condiciones de apropiarnos del "sí mismo" profundo que nos permita conocer nuestras virtudes e imaginar un modo personal de desarrollarlas. En general, es una época de sufrimiento, a mitad de camino entre el desconcertante deseo propio y el inalcanzable deseo de nuestros padres.

Recién cuando aparecen problemas de drogadicción en nuestros hijos adolescentes o los muy modernos diagnósticos de bulimia y anorexia, los padres "vemos" que algo está pasando. Y corremos a buscar soluciones inmediatas para "terminar" con este problema. Pero el asunto pasa por darnos cuenta de que ese joven adolescente perdió durante toda su infancia la posibilidad de encontrarse con su propio ritmo o sus deseos ocultos, intentando no defraudar a sus padres y desplazando sus necesidades primarias. Hace ya mucho tiempo que dejó de reconocer sus propias señales, y cuando le preguntamos qué desea o qué le importa... clava su mirada en un punto perdido con "cara de nada" o, a lo sumo, se sumerge en la música que suena dentro de sus auriculares que lo aíslan de toda conexión externa. De todas maneras, allá fuera ya no hay nada que le interese, porque fue perdiendo durante años toda vibración y resonancia de su ser interior.

Aún así, me sigue asombrando que los padres dispuestos a iniciar un diálogo con sus hijos adolescentes, desde la honestidad y el dolor de las propias limitaciones, logren rápidamente atraer la atención de estos jóvenes en apariencia apáticos. Podemos jugar las últimas cartas de la comunicación y la apertura del corazón –desde el lugar de padres–, siempre y cuando estemos dispuestos a mirarnos para adentro y compartir nuestros descubrimientos dolorosos con nuestros hijos. Cuando se conviertan en adultos, en pocos años más, todo proceso de indagación personal va a depender de la decisión consciente y personal de ellos. Ya no de nosotros.

Si los adultos necesitamos seguir creyendo que el "problema" lo tiene el adolescente y buscamos "soluciones", la brecha de la incomprensión se acrecienta junto al desprecio de ese joven hacia nosotros. La mayoría de los adolescentes está harta de la hipocresía de esos padres a quienes ya no les cree y sigue sufriendo la distancia emocional que los padres instauraron en los vínculos familiares. Con el agravante de no tener recursos personales para modificar las cosas, salvo perpetuar un sistema de insatisfacción, luego, consumo, mayor vacío y más consumo.

Es evidente que somos los adultos quienes siempre podemos posar las manos sobre el corazón y reconocer nuestra inmensa soledad y nuestra incapacidad para ofrecer algo más que la violencia interna que nos devora. Aun con la "urgencia" de un joven en riesgo. Porque insistimos en creer que la urgencia se instaló ahora que el síntoma se hizo demasiado evidente, cuando, en realidad, hace años que el niño viene pidiendo auxilio.

Urgente es el hambre de mamá cuando soy recién nacido, urgente es la caricia contenedora de mamá cuando soy muy pequeño y hay depredadores por doquier, urgente es la presencia de mamá cuando mi cuerpo está desgarrado de soledad. En cambio, cuando la droga, por ejemplo, viene a calmar toda urgencia... nos sobra el tiempo para recorrer todos los rincones de la historia personal y comprender por qué nos pasa lo que nos pasa y hacia dónde nos conduce.

Cuando el adolescente entra claramente en una espiral de consumo de alcohol o de drogas duras, o bien en el circuito de bulimia y anorexia, parece que recién en ese momento los padres nos asustamos y estamos dispuestos a escuchar las señales. Ya pasaron tal vez quince años o dieciocho o veinte. Nunca antes estuvimos dispuestos, porque no nos pareció peligroso el llanto desgarrador del bebé, el llanto desesperado del niño en el colegio o las enfermedades a repetición de un niño cada vez más debilitado. Ahora sí comprendemos la urgencia, aunque las señales fueron claras desde un principio.

Es posible que el adolescente descrea del acercamiento de su padre o su madre, ya que pasó toda su vida reclamando presencia sin obtenerla. ¿Por qué tendría que confiar en nosotros? Nada lo remite a fiarse del acercamiento amoroso. En estos casos, a veces es más útil que otro adulto contenedor, confiable y mediador apoye a la familia en el último intento de ese joven por pedir amor y sentirse merecedor y valioso como hijo.

Tercera Parte

Ritmo

Capítulo 9

Sobre los ritmos femeninos

La mujer y la Luna.
El ciclo menstrual.
Los tampones.
Los rituales para la mujer cíclica.
El mito de Perséfone y Deméter.
La pérdida del sangrado durante el embarazo,
el puerperio y la menopausia.

La mujer y la Luna

La ostensible danza entre el cuerpo de las mujeres y la naturaleza, nos acerca la evidencia de estar todos regidos por un orden trascendente que nos resulta complejo traducir, pero que, sin embargo, opera sobre la totalidad de actividades y sentimientos humanos. Las mujeres, en particular, contamos con un "reloj" cíclico que hace al funcionamiento del cuerpo femenino: el ciclo menstrual.

Desde el comienzo de la humanidad, el cuerpo y su interacción con lo que lo rodeaba sirvió de medida básica, por ejemplo, el largo de un pie sobre la tierra. La experiencia del ciclo menstrual y su paralelismo con el ciclo lunar también ayudaron a organizar los primeros conceptos de medida y de tiempo. A partir de las ideas de secuencia y medida se fue sistematizando la división del tiempo y, en consecuencia, los primeros relojes y calendarios. Muchas culturas han medido el tiempo en noches y meses lunares, y llevaban a cabo sus festividades religiosas de acuerdo con la Luna llena. Incluso, hoy en día, la Pascua cristiana está regida por la Luna, al igual que las fiestas islámicas o judías.

El concepto de unión del ciclo menstrual femenino y la Luna está reflejado en muchas culturas y lenguajes. En latín, se utiliza la misma palabra "mens" para "mes" y "luna" y de ese vocablo deriva la palabra "menstruación". Antiguamente, la menstruación no era una maldición que recaía sobre las mujeres, sino que, por el contrario, era un don a partir del cual la mujer generaba vida y, de ese modo, la Luna –como reflejo del ciclo femenino– se transformó en un símbolo de su energía creativa.

La sincronicidad entre el ciclo femenino y la órbita de la Luna alrededor de la Tierra, revelaba también la conexión entre la "mujer" y lo "divino". Durante su ciclo, la mujer albergaba el misterio de la vida dentro de su cuerpo, podía generar vida y asegurar el futuro. Esto significa que cada mujer poseía los poderes propios del universo: dar la vida, sustentar y crear. Históricamente se ha considerado que el ciclo menstrual contiene un período de vida y fertilidad durante la ovulación, y un período de muerte e infertilidad durante la menstruación, análogamente a las fases de la Luna y a las estaciones del año.

En el pasado se reconocía que la naturaleza femenina, tan similar a la de la Luna, no hacía más que demostrar el vínculo que unía a la mujer con el universo. A través de nuestros cuerpos, las mujeres experimentamos la conexión entre todas las formas de vida, el ciclo de la vida, la muerte y el renacimiento. El ciclo de la Luna y el ciclo de la mujer están estrechamente ligados, ya que, como hemos visto, el cuerpo femenino funciona en sincronía con las fases lunares. El ciclo de la Luna no sólo encarna el calendario del cuerpo de la mujer, sino que es también un indicador de los cambios que se producen en nuestra conciencia.

Cuando las mujeres tomamos conciencia de nuestro ciclo y las energías inherentes a él, también aprendemos a percibir un nivel de vida que va más allá de lo concreto. Podemos sentir el vínculo entre el nacimiento y la muerte, y también logramos relacionarnos no sólo con lo visible y terrenal, sino con los aspectos invisibles y espirituales de la existencia.

El ciclo menstrual

Para la mayoría de las adolescentes, la primera menstruación tiene lugar alrededor de los doce años y establece un ciclo aproximadamente de veintiocho días, aunque puede variar entre catorce y cuarenta días. El ciclo forma parte de la vida de cada mujer hasta alrededor de los cincuenta años, excepto durante los embarazos o en los casos en que perdemos el período por factores fisiológicos o psicológicos.

Cada mes nuestro cuerpo sufre una serie de cambios que incluyen variaciones en el equilibrio hormonal, temperatura vaginal, composición y cantidad de orina, peso, concentración de vitaminas, retención de líquidos, tamaño y turgencia de los pechos, consistencia del flujo vaginal, diferentes niveles de concentración mental, diversos estadios de dolor, entre otras alteraciones; aunque la mayoría de estos cambios podamos no registrarlos de manera consciente. Por eso sería interesante que cada una de nosotras registrara cómo reacciona nuestro cuerpo ante el propio ciclo, si nos interesa comprender cómo afecta a nuestra personalidad, a nuestras energías creativas y a nuestros vínculos afectivos.

El ciclo físico, que tiene lugar todos los meses, consta de cuatro fases: **preovulatoria, ovulatoria, premenstrual y menstrual**. Durante la fase **preovulatoria** un folículo madura y produce estrógeno que estimula las mamas y la pared uterina. Entre los días catorce y dieciséis del ciclo, el folículo se abre y libera el óvulo: es la fase de la **ovulación**. A algunas mujeres nos resulta palpable reconocer la ovulación por un pequeño "manchado", por la sensibilidad en los pechos o, incluso, por un sutil dolor en la zona pélvica. La progesterona prepara la pared del útero para la fertilización, pero si no la hay, el cuerpo lúteo degenera en forma gradual y los niveles de progesterona y de estrógeno disminuyen: ésta es la fase **premenstrual**. Luego, el tejido que recubre la parte interior del útero comienza a desintegrarse hasta que empieza el **flujo menstrual.**

Todas las mujeres necesitamos conocer el funcionamiento de nuestro cuerpo, pero la enseñanza biológica de la menstruación que se imparte –con suerte– en la clase de Ciencias, raramente tiene en cuenta las experiencias personales relacionadas con el ciclo, ni reconoce las emociones que conlleva. Allí hay un terreno propicio esperando alguna decisión de las mujeres adultas para encarar la transmisión de esta información, más allá de las explicaciones puramente físicas. Por otra parte, no sólo las niñas merecen aprender el significado y las expresiones del ciclo menstrual, sino también los niños, para que comprendan, a través de lo femenino, las manifestaciones cíclicas ocultas de todas las expresiones humanas.

Los cambios que experimentamos las mujeres en cuanto a nuestra sexualidad, son análogos a los cambios con relación a la percepción de la vida y, en consecuencia, alteran nuestra conciencia y la expresión de nuestras energías creativas. Durante la fase preovulatoria, suelen ser iniciáticas y visionarias; durante la ovulación, físicas y emocionales; cuando atravesamos la fase premenstrual, se vuelven dinámicas e intuitivas y durante el sangrado, se tornan instintivas y espirituales. Los ciclos de la sexualidad, la espiritualidad y la conciencia creativa en verdad son inseparables para las mujeres, aunque no siempre los vivamos con la suficiente conciencia de unión con la naturaleza.

Los síntomas físicos y emocionales que experimentamos las mujeres son muy variados y en nuestras sociedades civilizadas suelen tener una connotación negativa. En verdad, no tienen un lugar claro para existir, porque todo lo que huele a femenino incomoda. Por eso solemos buscar métodos que **alivien las molestias** o que nos hagan creer por un rato que "eso" no existe. En la medida en que "olvidamos" nuestro ritmo cíclico con sus innumerables sensaciones, establecemos un modo de vincularnos con nuestro cuerpo haciendo "desaparecer" al ciclo como tal.

Si pudiéramos aceptar el período como un tiempo de retiro personal y permitiéramos el espacio para la limpieza y la regeneración, y si nos deslizáramos voluntariamente hacia nuestra naturaleza, los dolores posiblemente no serían tan molestos. El hecho de permitir conscientemente que se desprenda lo viejo para volver a empezar, en realidad, está lleno de ventajas.

El período nos recuerda que tenemos que aprender a morir un poco en la fase del sangrado. Es algo tan natural en nuestra vida como respirar lo es para el ciclo respiratorio. Por eso es tan apropiada la disposición a la tristeza en este pequeño proceso de morir todos los meses. Pero en nuestros tiempos parece que nunca es el momento adecuado para entregarse a sentimientos de esta naturaleza.

Contemplado de esta manera, el período nos remite a encontrarnos con el ritmo mensual y temporal de la vida, y entrar en contacto con el propio ritmo femenino. De este modo, podemos orientarnos hacia las metas más profundas que no sólo están en un orden perfecto, sino que nos dan la oportunidad de ponernos en orden internamente.

La expulsión de la mucosa que ya no necesitamos permite al organismo desprenderse de todo lo que ya no le hace falta. La pérdida de sangre llega en el momento adecuado para desintoxicarse de un modo natural y sencillo. Es obvio que la menstruación es un período de limpieza y reordenamiento, porque el organismo aprovecha la situación para eliminar residuos. Es como la limpieza de una casa: hay que tirar lo viejo para que pueda crecer una nueva mucosa y, con ella, la posibilidad de un nuevo nido.

El período representa –a menor escala– un parto mensual; nos recuerda que la vida va siempre ligada al morir y al desprendimiento. Por eso, es igualmente carente de sentido tanto aliviar el parto **completamente** a través de las anestesias al punto que ya ni siquiera lo podamos percibir, como olvidar **completamente** el período mediante potentes analgésicos.

Tendríamos que cuestionarnos qué es lo que combatimos, qué es lo que intentamos suprimir de nuestra vida cotidiana. Es verdad que el sangrado de la mujer es **incontrolable**. Es posible que, por tan poderoso motivo, lo que debería constituir un símbolo natural de la belleza del ciclo femenino, se ha transformado en la confirmación de que la naturaleza de la mujer es incontrolable, desequilibrada y peligrosa; y, en consecuencia, hemos decidido considerarla inferior y degradante.

Para que las mujeres modernas comprendamos nuestra naturaleza y aprendamos a vivir en armonía con ella, necesitamos revivir los arquetipos que demuestran los diferentes aspectos de la esencia femenina. De lo contrario, seguiremos luchando en contra de nosotras mismas.

Probablemente el arquetipo de la Virgen María no nos ha ayudado en este sentido, durante los últimos siglos de supremacía masculina. María no puede abarcar todos los aspectos de lo femenino: es un símbolo de la pureza y se la representa como una mujer que **es físicamente virgen, antes, durante y después del nacimiento de su hijo**. La Virgen María no puede ser considerada como una mujer menstrual. Su imagen es la de un ser que supera a todas las demás mujeres **y que existe en una condición que ninguna otra mujer puede aspirar: la de una mujer que desafía a la naturaleza**. Ésa es la diferencia con las diosas primitivas que sí representaban a la naturaleza y, en consecuencia, estaban al alcance de cualquier mujer.

Los tampones

Acorde con los tiempos que vivimos, donde la potencia de lo femenino no encuentra un lugar para existir, la hemorragia menstrual es considerada un símbolo de la impureza a repetición.

La naturaleza tiende a dejar fluir naturalmente la sangre, lo cual resulta lógico si tenemos en cuenta que se trata de residuos. Si el sangrado es una acción regeneradora del organismo, está claro que va a resultar tóxico retener la corriente de los desperdicios y acumularlos dentro del cuerpo, que es justamente lo que hace el tampón. El uso masivo de tampones anula el contacto con nuestra sangre y apacigua la evidencia de la menstruación, alejándonos de nuestra plena aceptación. El tampón moderno suprime los olores íntimos y, prácticamente, dejamos de tener relación con lo más salvaje y primitivo de nuestro ciclo.

Toda la publicidad de los tampones apunta a que nadie debe enterarse de este horrible suceso; no oler nada ni darse cuenta. Se supone que las mujeres deberíamos sentirnos tan independientes como los varones. Por eso, hoy en día, todos asumimos que el período menstrual debe ser reprimido e ignorado. Por supuesto, las mujeres que más nos esforzamos por satisfacer las exigencias sociales, por estar a la altura de los requerimientos masculinos de trabajo, eficacia y velocidad, somos quienes más sufrimos de síndromes menstruales, porque la plena aceptación de esta evidencia contradice nuestras metas cotidianas.

Es verdad que el uso de tampones nos permite a las mujeres una libertad de movimientos masculinos durante **todo el ciclo lunar**. Al mismo tiempo, nos independizamos también de los ritmos femeninos, cada vez nos percibimos menos a nosotras mismas y nos apartamos del ciclo vital. De hecho, las publicidades de los tampones anuncian que ahora podemos **olvidarnos** de "esos" días, si usamos la marca tal o cual.

No estoy afirmando que las mujeres no deberíamos usar tampones si así lo deseamos o si nos facilitan la vida, pero sí vale la pena hacer la prueba de **no utilizarlos siempre y en todas las circunstancias**, con el fin de experimentar **la sensación de sangrar** y luego utilizar estas percepciones en otros ámbitos de la vida cotidiana.

Otra curiosidad social la reflejan las publicidades de los apósitos y toallas higiénicas, que insisten en mostrar un **líquido azul** transparente. Nunca comprendí por qué "azul". ¿Será la sangre azul? ¿O la desesperación cultural para que el rojo de la sangre no exista? El hecho es que la compresa mágica absorbe completamente ese líquido innombrable, mientras nos vende la ilusión de que es mejor "no enterarnos" y que ahora sí podremos vivir "como todos los días" sin que nada altere nuestra rutina. Es obvio que el mensaje persigue el objetivo de "hacer de cuenta que **eso** (la sangre) no existe". Es importante comprender que ese nivel de alienación de nuestro propio cuerpo y nuestras íntimas sensaciones, tiene el poder de alejarnos de muchas otras percepciones indispensables para el buen discernimiento.

Los rituales para la mujer cíclica

Las mujeres menstruales **somos cíclicas**, pero se espera que seamos **constantes y lineales**. Aún percibiendo el ciclo vital, intentamos negar la vivencia profunda de nuestro período. En la actualidad, no contamos con recursos que nos den cuenta de nuestro movimiento interior en espiral y nos encontramos una y otra vez recorriendo vibraciones similares sin poder traducir el tipo de aprendizaje que estamos experimentando.

El ciclo menstrual y su significado en el mundo occidental se han convertido en la única asignatura que sigue en poder de las madres y que la sociedad no nos ha arrebatado, pues ignora todo de la menstruación más allá de su manifestación física y, en consecuencia, no ofrece ninguna guía al respecto. Pero aun así, muchas mujeres estamos tan condicionadas que somos incapaces de guiar a nuestras propias hijas y permitimos que su educación recaiga en manos de amigas jóvenes tan poco experimentadas como ellas. Posiblemente, las madres tenemos muy poco conocimiento sobre nuestro propio ciclo o hemos quedado traumadas por las primeras experiencias menstruales, seguramente vividas en soledad y bajo amenazas, o bien carecemos de modelos femeninos sobre los cuales basar nuestra guía e instrucción.

Para ingresar en la forma cíclica que nos constituye a las mujeres, las niñas necesitan un acompañamiento amoroso y didáctico. Una de las formas más antiguas de transmitir ideas y experiencias ha sido a través de los rituales de transición, que señalaban que un individuo dejaba atrás una fase de su vida para iniciar una nueva etapa de conocimiento y percepción. Estos rituales solían marcar un cambio de rango dentro de la comunidad, como la pubertad, el matrimonio o la consagración de un sacerdote. Estas modificaciones incluían nuevas obligaciones o restricciones sociales para cada persona.

En nuestros tiempos hemos ido perdiendo el concepto de ritual. Sobre todo para la pubertad, para la que no sobrevive ningún ritual que la identifique. Sólo subsiste alguna idea respecto a convertirse en "mayor de edad" acompañada por ciertos derechos y obligaciones sociales, como tomar alcohol o votar; pero, en verdad, no contamos con un momento específico para marcar el pasaje del niño al joven, lo que los lleva a oscilar entre una etapa y la otra sin tener en claro qué se espera de ellos.

El ritual de transición de una niña tiene que señalar el comienzo de su vida como mujer. El acto físico de la primera menstruación es un ritual natural que hace relativamente poco tiempo ha comenzado a ser ignorado como tal. La vida de la joven cambia porque deja de **ser lineal** y pasa a adoptar el **comportamiento cíclico** de la mujer. Va a tener que reconocer, enfatizar y aceptar el cambio aprendiendo de sus propias experiencias para ir en camino de su propia madurez. No es un cambio intelectual, sino que necesita sentir que se está convirtiendo en una joven adulta y, para ello, necesitará conocer su propia naturaleza.

Los símbolos del ritual pueden provenir de varias fuentes: muchas de las historias que contamos a los niños incluyen simbología menstrual –particularmente referidas a la "primera vez"– y tienen como protagonista a una doncella que se retira del mundo después de entrar en contacto con algún elemento que simbolice la vida y la menstruación. En *Blancanieves*, por ejemplo, la doncella se queda dormida como consecuencia de haber mordido la fruta del árbol de la vida. En el caso de *La bella durmiente*, la joven cae en un sueño profundo después de experimentar su primer sangrado, provocado por el huso de la vida. El concepto de pasar de la oscuridad al despertar de la conciencia refleja las fases de la Luna y es la esencia del ciclo menstrual. Cuando la doncella despierta, ya se ha convertido en mujer y cuenta con todos los poderes de su condición. El desencadenante de su zambullida en la oscuridad es el fruto menstrual del árbol de la vida, frecuentemente simbolizado por la manzana roja.

La primera menstruación es, en efecto, un despertar, que merece el acompañamiento de las mujeres maduras que ya saben cómo es vivir la vida dentro del ritmo perfecto del ciclo.

Por otra parte, las mujeres necesitamos ritualizar la totalidad de nuestra vida cíclica, ya que **no es lo mismo sangrar que ovular**, cuando despertamos, caminamos, cocinamos, hacemos el amor, estudiamos, trabajamos o pensamos. Son momentos internos totalmente distintos que guían y organizan sutilmente nuestro estar en el mundo, con una cadencia y un ritmo diametralmente opuestos. No importa que los demás no lo reconozcan. Pero sí es imprescindible que las mujeres registremos y respetemos nuestro ritmo, tomando en cuenta la esencia cíclica, cambiante y circular de nuestro ser femenino.

Aprender a vivir en armonía con el ciclo interno, nos permite ser fieles a la propia naturaleza y recuperar una y otra vez el equilibrio o la fuerza extraviada en el ciclo anterior. Las mujeres llevamos la experiencia vital en nuestros cuerpos y los varones la pueden vivir a través de nosotras. Ésa es la fuerza vital que dará frutos en épocas de maternidad, de nacimientos y de leche.

El mito de Perséfone y Deméter

El mito simbólico que contempla y traduce la experiencia del primer sangrado y sus consecuencias, es el de las diosas griegas Perséfone y Deméter. Es un relato poderoso que ilustra el primer sangrado y también guía a la madre en el papel que deberá asumir frente a la hija que se desarrolla.

La historia comienza cuando Deméter, diosa de los frutos de la tierra, vive con su hija Perséfone en un territorio donde no existe el invierno. Un día, mientras ambas cortan frutos en la pradera, Perséfone se siente atraída por una bellísima flor mágica que perfuma el aire con su fragancia, por lo tanto, se acerca y la toca. En ese momento la tierra se abre y Hades, el Amo del Submundo, la secuestra, obligándola a vivir en la oscuridad y a convertirse en su esposa.

Cuando Deméter se entera de que su hija ha sido raptada, su dolor es tan grande que priva a la tierra de su fertilidad, con lo que la deja en un invierno estéril permanente, convirtiéndose ella misma en anciana. Conmovido por las súplicas de Deméter, Zeus logra convencer a Hades de que libere a Perséfone, que, a pesar de haberse negado a comer los frutos de la oscuridad, cayó en la tentación de comer unas **semillas de granadas rojas.** Perséfone regresa por un período a visitar a su madre, pero cuando Deméter **comprende que su hija ha comido esas semillas,** toma conciencia de que, en parte, ya pertenece también al submundo oscuro. Por eso se compromete a dejar que Perséfone vuelva al interior de la tierra y viva allí parte del año, pues acuerdan que otra parte del año pasará en el mundo exterior, con su madre.

La historia de Deméter y Perséfone puede tener muchas lecturas, pero claramente está presente el concepto de ciclo. Deméter era la diosa de los frutos y la tierra. Su hija encarnaba la fuerza vital de la semilla y del suelo en el que crecía. El descenso de Perséfone al submundo simboliza el momento en que las energías creativas abandonan la tierra y ésta queda sumida en la infertilidad del invierno. A su tiempo, regresa a la superficie y renueva la vida, trayendo consigo la primavera. Perséfone, como símbolo de la semilla, tiene que vivir en el corazón de la tierra durante el invierno, para luego despertar durante la primavera, por lo que representa la muerte y la resurrección del espíritu.

La historia contiene también imágenes relativas a la menstruación y al primer sangrado. Perséfone es la doncella virgen a la que obligan a retirarse del mundo cotidiano para sumergirse en la oscuridad del submundo. Allí, el Amo de esas tierras la convierte en su esposa, es decir, la hace experimentar su primera relación sexual, además de tentarla para que coma el fruto del Árbol de la Vida (la granada).

Cuando Perséfone regresa con su madre, Deméter se da cuenta de que su hija, por haber experimentado la menstruación, ya no le pertenece sólo a ella, sino también al "otro lado", así que termina por aceptar la naturaleza cíclica y la dualidad de la joven, y permite que tenga lugar su rítmico descenso a la oscuridad de la menstruación, que es el único modo en que podrá convertirse en mujer y en madre.

El camino de la joven hacia su primer sangrado es inevitable y rompe la unión entre la madre y la hija; ya nunca podrá volver a ser niña después de haber comido el fruto del Árbol de la Vida. Deméter toma conciencia de que ahora comparte con su hija la condición femenina.

Perséfone, por su parte, puede volcar sus poderes creativos gracias a su continuo descenso al submundo. Cuando cada mujer desciende a la oscuridad de la menstruación, al igual que Perséfone, experimenta una sensación de pérdida. Pero sabe que sólo dentro del submundo se renueva y vuelve a sentirse joven, pues libera sus energías y despierta su fertilidad y creatividad.

Perséfone representa el concepto lunar de una nueva vida que nace a partir de la anterior; ella representa la Luna nueva que cada vez gana más luz, mientras que su madre es la Luna llena que se va acercando a la oscuridad. El círculo es infinito y las diosas simplemente simbolizan aspectos diferentes de un mismo ciclo.

La pérdida del sangrado durante el embarazo, el puerperio y la menopausia

Las mujeres embarazadas perdemos nuestra naturaleza cíclica mensual en el momento de la concepción y, poco a poco, comenzamos a sentirnos en armonía con los cambios que se producen en nuestro cuerpo, destinados al desarrollo y posterior nacimiento del niño. Este "estar afuera del ciclo" prosigue durante la primera etapa de crianza del niño, en la medida en que las **madres nos acoplamos al ritmo del niño** y abandonamos nuestra propia cadencia, porque es tiempo de sumergirse en otro compás que tiene sus propias leyes. El puerperio se convierte así en un desarmado de la propia estructura, donde ni siquiera el propio ritmo da cuenta del tiempo, sino que necesitamos utilizar el reloj del recién nacido para ubicarnos en **ese** tiempo y en **ese** espacio particular.

Análogamente, las mujeres menopáusicas –al igual que las mujeres embarazadas o puérperas– también abandonamos el ritmo de nuestro ciclo menstrual.

Después de dar a luz, las mujeres nos reintegraremos a nuestro debido tiempo al ciclo menstrual. Pero antes tendremos que retirarnos a la oscuridad interior, para renovarnos antes de regresar a nuestra naturaleza cíclica. Esta introspección, este estar fuera del mundo rítmico, puede ser equivocadamente traducido como depresión, si las mujeres no reconocemos dentro de nosotras que necesitamos renovarnos a través de un ayuno espiritual.

Este **retiro** es indispensable, porque luego funcionará como fuente de futuras energías. Es por esta razón que después de parir, las mujeres necesitaríamos rituales que nos asegurasen un descanso prolongado de las rutinas cotidianas, que marcasen un paso al costado y un recogimiento del mundo concreto. Precisamos tiempo para reubicarnos en un nuevo ritmo sin guías de sangrado, contando sólo con el itinerario marcado por los ritmos de sueño y vigilia del bebé, así como sus tiempos de hambre, digestión, defecación, exploración y descanso.

El período puerperal durante el cual las mujeres abandonamos nuestro ciclo menstrual, nos deja, por un lado, más "huérfanas" en cuanto a nuestro ritmo interno y, por el otro, nos obliga a depender de un modo invisible y delicado de lo más sutil que hay en el ritmo misterioso del niño pequeño. En ese sentido, nuestra dependencia con respecto al niño es total. Sin su ritmo marcado a fuego por sus necesidades básicas, estamos perdidas.

Este tiempo sin ritmo personal nos abre un abanico de expresiones sensibles, análogo al aprendizaje de tener que movernos entre tinieblas cuando sólo contábamos con la vista. Y como con todo descubrimiento, merecemos un cierto tiempo para apropiárnoslo. No hay apuro para regresar, mientras la leche fluya y el niño nos guíe.

Si hemos vivido con profundidad y sabiduría estos movimientos de ritmo y no ritmo, algunos años más tarde, la menopausia nos traerá una nueva forma de aprehender el hecho femenino por fuera del ciclo.

De hecho, la menopausia, así como la primera menstruación, manifiesta cambios dramáticos en su expresión física y también en su manifestación emocional, y necesitamos reconocerlos como tal. Seguramente nos hagan falta también rituales de transición y de bienvenida a esta nueva etapa.

Las mujeres que hayamos vivido con plena conciencia las fases atravesadas a lo largo de nuestra vida menstrual, podremos aceptar con más facilidad los síntomas y el significado profundo de la menopausia. Las mujeres menopáusicas centramos nuestra energía en una sola dirección, pero a diferencia de las niñas, ahora la dirigimos hacia nuestro propio interior. **La energía de las niñas es lineal, la de las mujeres menstruales es cíclica, y la de las mujeres menopáusicas es un punto de partida hacia el yo profundo.**

El ciclo menstrual nos obliga a las mujeres a **descender y renovar** nuestra energía creativa para devolverla al mundo exterior. En cambio, las mujeres menopáusicas ya no descendemos una y otra vez, sino que **permanecemos en la introspección**. Nuestra energía ya no se manifiesta cambiantemente en el mundo exterior, sino que toma forma en el mundo interior. Nuestra percepción deja de ser cíclica para convertirse en un **equilibrio constante entre los mundos exter-**

no e interno. Ya hemos absorbido las experiencias por largo tiempo, y ahora se desarrollan desde el más interior de los mundos femeninos.

Desde esta beneficiosa posición de constante conciencia de ambos mundos, las mujeres menopáusicas nos convertimos por nuestra propia naturaleza en sacerdotisas, sanadoras o videntes. Porque ahora contamos con la ventaja de poder acceder continuamente a aquella dimensión interior de la vida a la que sólo llegábamos una vez al mes, durante nuestra fase de mujer menstrual. Por eso, los conocimientos atribuibles a las mujeres maduras eran muy reconocidos en las culturas del pasado donde se las veneraba como guías y consejeras.

Las mujeres maduras encarnamos la dimensión interior presente en todas las fases del ciclo menstrual. Contemplamos todas las fases y estamos presentes en cada una de ellas. Encarnamos la totalidad del ciclo. Contamos con la experiencia de nuestro pasado menstrual y tenemos la capacidad de ponernos en contacto con el futuro. Nuestras enseñanzas pueden referirse al nacimiento, a la muerte y a la naturaleza cíclica de la vida. Nos convertimos en las fases del ciclo y en la sangre de la menstruación, pues retenemos en nuestro interior todas las energías. Hemos visto que tanto en el relato de *Blancanieves* como en el de *La bella durmiente*, quien da inicio y otorga la bendición de la menstruación es una anciana.

Las mujeres menospáusicas, al igual que las mujeres puérperas, vivimos en un retiro espiritual permanente. Fuera del ruido y la vorágine del mundo externo, podemos ofrecer nuestros conocimientos acerca del mundo interior. Hay una ventaja adicional y es que las mujeres maduras no necesitamos alimentar a un niño, sino que superamos ese rol alimentando espiritualmente a la comunidad de mujeres jóvenes y cíclicas.

La obligación de una mujer madura y responsable, que ha introducido la totalidad cíclica en su interior, es la de iniciar a otras mujeres en la conciencia espiritual. Hoy en día, las mujeres jóvenes estamos muy solas y sin guías confiables, porque hemos desmerecido la sabiduría profunda de las mujeres menopáusicas, a causa de la mala reputación que han adquirido las arrugas y algunos cabellos blancos. Y, a su vez, las mujeres grandes perdemos sentido inundándonos de inmensidad, cuando no podemos ofrecer nuestra experiencia a la manada de muje-res, y nos intoxicamos con un saber que ya no nos pertenece, sino que necesita ser dirigido hacia las generaciones futuras.

Confieso que, personalmente, aún no he alcanzado la menopausia, pero la ansío con anhelo y entusiasmo. Espero alcanzar y retener toda la información que se me cuela entre las manos, porque aún mi ritmo es demasiado veloz, prepotente y torpe. Suelo observar a las mujeres más grandes y constatar cómo la voz se asienta, la sonrisa se profundiza y la mirada ve algo que las más jóvenes no percibimos.

Aunque estamos condicionados por parámetros muy raros sobre lo que es valioso y lo que no, y glorificamos la inmadurez y la soberbia y descalificamos la experiencia y el desapego de lo material, sé que nuestra civilización nos está llevando hacia el olvido de nuestra me-moria filogenética. Que es como olvidarnos de quiénes somos. Sin embargo, cada niño que nace y cada anciano que muere, vuelve a re-cordar una y otra vez las maneras humanas de nacer, transitar y morir. Y ellos lo hacen como lo hemos venido haciendo todos los seres humanos desde hace millones de años.

Que nuestro físico pierda fuerza y belleza en la madurez es imprescin-dible para desapegarnos de lo aparente y sumergirnos en las profun-didades del ser. Si quedáramos muy atados a lo físico, difícilmente estaríamos dispuestos a soltar amarras. Necesitamos la belleza de las arrugas, el grosor de la piel algo más curtida, la fluidez de los tejidos un poco más blandos, para desparramar la sabiduría de la experiencia sobre quien esté dispuesto a aprovecharla.

Capítulo 10

Pérdida de ritmos e infertilidad

La pérdida del ritmo femenino y el estrés.
La dificultad para concebir.
Fertilizaciones asistidas.
Mellizos, trillizos y cuatrillizos.

La pérdida del ritmo femenino y el estrés

Ya que el ciclo femenino obedece a la Luna y ésta representa el principio original al que se adscriben los sentimientos y estados de ánimo, es lógico que las mujeres "vivamos" en el curso del ciclo mensual las fases lunares según los distintos ánimos: desde la euforia de la fertilidad y la concepción de la vida, hasta la tristeza de la muerte simbolizada en el acto de sangrar. Si nos animamos a entrar en contacto con nuestra sensibilidad, descubriremos cuán ligadas están nuestras vivencias internas a nuestro ciclo menstrual.

Sin embargo, las mujeres "civilizadas" y especialmente quienes habitamos las grandes ciudades solemos "salirnos de la regla", para acomodarnos a los relojes sociales y laborales, sin darnos cuenta de que pagamos el precio con nuestro propio cuerpo que pierde el compás interno de la vida femenina. Mes a mes, las "dificultades y molestias" de los síndromes menstruales nos invitan a encontrarnos con el ritmo mensual y temporal de la vida y a aceptar el propio ritmo femenino que no sólo está en orden, sino que, además, nos ayuda a ponernos en orden. Si las mujeres pudiésemos fundirnos voluntariamente con nuestra naturaleza y dedicarnos un fin de semana al mes a descansar, si al menos nos dedicásemos a tomar un té o posásemos una bolsa de agua caliente sobre nuestro vientre, sentiríamos grandes cambios en nuestra percepción de la vida cotidiana.

A veces, el período se resiente o se ausenta, y éste es un mensaje claro del alma. Nuestro cuerpo nos avisa que nos hemos salido del círculo de la vida y que no estamos receptivas, que la relación con nosotras mismas no está siendo fértil. Nuestro organismo sufre por falta de ritmo y nos muestra un proceso de estancamiento en el orden de lo femenino. En esos momentos, sería interesante reconocer el síntoma claro y preciso, ya que el cuerpo siempre tiene sus razones.

Las cosas empeoran cuando desde muy jóvenes, apenas iniciamos la vida sexual, introducimos tempranamente la píldora anticonceptiva, sin que nuestro organismo ni nuestra conciencia hayan tenido suficiente tiempo de reconocer y acomodarse a una regularidad propia y madura. Creamos un ritmo artificial, que psíquicamente no existe. En estos casos, es muy difícil encontrar una adecuada orientación dentro del ciclo vital femenino, porque perdemos desde el principio el estímulo y el impulso del orden. La píldora no puede crear un ritmo, porque el ritmo es algo vivo.

Entiendo que desde una política masiva de anticoncepción para prevenir embarazos no deseados, el método sea eficaz. También que elimina todo temor, proporcionando una sexualidad libre de preocupaciones y, sobre todo, ofreciendo la libertad de tener encuentros sexuales con quien sea y donde sea, sin ninguna preparación previa. Pero resulta sospechoso, que en épocas de alta tecnología, el invento más aplaudido y comercializado sea el que anula toda armonía del reloj natural femenino, incitando a las jóvenes a no asomarse siquiera al perfume de las sensaciones de encontrar el propio equilibrio mensual.

De este modo, inauguramos la vivencia femenina desde el artificio de no sentir, no percibir, no saber, ni diferenciarse. Por otra parte, el aporte temprano de hormonas —desde el punto de vista puramente médico— interviene sobre un sistema todavía inmaduro que tendrá dificultades en terminar de desarrollarse saludablemente.

En fin, ya sea por la ingesta de hormonas, por el estilo de vida que llevamos o por los ideales de éxitos materiales, los tiempos actuales apuntan a alejarnos del ritmo biológico interno y a distanciarnos de las vivencias corporales puramente femeninas. Posiblemente esta "falta" no nos interese particularmente si no sufrimos ninguna enfermedad o molestia especial. Pero dicho desequilibrio puede ponerse de manifiesto si anhelamos un embarazo que no llega.

Así las cosas, alejadas de nosotras mismas, llegamos a la adultez y a la maternidad. Sin el debido entrenamiento de respeto hacia los ritmos naturales, tampoco estamos en condiciones de obedecer y honrar el ritmo misterioso de los niños pequeños. Nos enemistamos con la armonía que traen y que no podemos aceptar, al igual que no han sido aceptadas por nuestros padres cuando éramos bebés. Por eso, luego hemos buscado incansablemente en el mundo externo, parámetros que nos den sostén y tranquilidad. Quiero demostrar que las mujeres tenemos la ventaja de contar una y otra vez con un ritmo circular que nos devuelve a nuestro ser interior, y que puede ser la llave para abrirnos a la fusión del maternaje y a la comprensión de los ritmos del niño pequeño. **Sin vínculo con nuestro propio compás, difícilmente podamos acomodarnos al de nuestros hijos. Y más profundamente, si estamos demasiado alejadas de nuestro ritmo, ni siquiera se prestarán las condiciones para que un embrión pueda anidar en el seno de nuestra matriz.**

Esta desconexión se manifiesta, obviamente, en nuestro organismo. A veces, el encargado de presentar esa distancia entre el yo femenino y el yo externo es el estrógeno, que es la principal hormona sexual femenina. Es responsable de la formación de la mucosa uterina y acumula los nutrientes necesarios para una posible anidación del óvulo. Además, se encarga de disolver el tapón mucoso que obstruye la entrada a la matriz, para permitir que los espermatozoides puedan ingresar. Por eso, el estrógeno estimula, aunque no nos demos cuenta, nuestra predisposición al encuentro sexual.

Es interesante saber que al estrógeno se lo llama también la hormona del amor. Cuando los estrógenos están "en baja", podríamos pensar que disponemos de poca energía para lo amoroso y que la energía vital deberíamos dirigirla hacia el polo femenino. El estrógeno es también la hormona de la fertilidad. Todos los esfuerzos maternales caen bajo su influencia, así como la disposición a la entrega, la confianza en el otro, el dejarse guiar, la sexualidad con ternura, la disposición para los hijos y, en fin, todo lo que sea blando y cariñoso.

Cuando las mujeres andamos con "problemas de estrógenos", nos resignamos pasivamente a ingerir hormonas, en lugar de revisar si podemos sumergirnos en nuestro propio ritmo perdido y recuperarlo. Y en lugar de hacer silencio, descansar y realizar actividades que faciliten la conexión interna, solemos estar más conectadas que nunca con las exigencias del mundo laboral y social, supeditadas a las consecuencias del estrés.

El estrés intenso, con la expulsión de adrenalina –una hormona arquetípicamente masculina– se defiende enérgicamente de las fuerzas femeninas del organismo. Las consecuencias pueden ser invisibles a corto plazo, pero si la pareja está deseando conscientemente un embarazo, tendrá que registrar que, bajo la influencia del estrés, la psique no puede pensar seriamente en la construcción del nido.

El estrés parece ser el culpable moderno de nuestros males y hace referencia a los esfuerzos sobredimensionados que perturban una danza fluida con el gozo y el placer. Cuando vivimos con extrema tensión las áreas vinculadas con el estudio, el trabajo, el deporte o el ascenso social, las áreas relacionadas con el amor quedan desvitalizadas.

Del mismo modo, el posible embarazo puede encontrarse muy comprometido, aunque seamos personas saludables, estemos enamoradas y deseemos con gran intensidad traer un niño al mundo.

La dificultad para concebir

Estamos en un momento muy contradictorio para concebir y criar hijos. Por un lado, socialmente hacemos todo lo posible para hacerles la vida bien difícil a los niños –y por ende a sus madres–, contaminamos el mundo, lo hacemos cada vez más inhóspito y nos alejamos de la naturaleza; y por el otro, todavía alimentamos una cultura que nos exige tener hijos, y que nos hace sentir a las mujeres que no los tenemos que "hemos fallado" en algo.

Pero las cosas están difíciles para las parejas en el mundo civilizado y cada día económicamente más rico. Pensándolo a grandes rasgos, en el mundo occidental todos compartimos las dificultades para concebir y sufrimos las consecuencias de la contaminación del ambiente. Es posible que las condiciones actuales del planeta Tierra no favorezcan la fertilidad como antes, ya que llevamos un siglo faltándole el respeto a la ecología.

De hecho, una de cada seis parejas tiene problemas de infecundidad. Alrededor del cuarenta por ciento está relacionado con dificultades en los varones y un sesenta por ciento con las mujeres. El recuento y movilidad de espermatozoides vienen reduciéndose impresionantemente en las últimas décadas. Sabemos que la baja en la cantidad de espermatozoides está relacionada, en parte, con el consumo de tabaco, marihuana y alcohol. Hay encuestas en los Estados Unidos (desconozco si existen en la Argentina) que alarman sobre la increíble cifra de cuarenta y dos por ciento de varones jóvenes estériles.

Los motivos parecen ser múltiples. Por un lado, opera una vez más el modernísimo estrés y, por el otro lado, la avalancha de estrógenos artificiales que llegan a nuestro medio ambiente y que hacen estragos. Muchos pesticidas y herbicidas desarrollan efectos similares a los de las hormonas, además del consumo de carne contaminada con hormonas. Estos problemas incluso ya son notorios en muchas especies de animales y peces.

Lo que muchos varones están viviendo como problema personal, en realidad es algo colectivo. Lamentablemente, aún hoy, cuando hablamos de fertilidad, solemos apuntar sólo a los inconvenientes en las mujeres. Tal vez haya que equiparar la cantidad de ginecólogos que hay con un poco más de andrólogos. Aunque es lógico que las mujeres seamos quienes consultemos en primer lugar, porque frecuentemente expresamos inicialmente el deseo de concebir y criar hijos. De todas maneras, la dificultad para concebir es una realidad de la pareja y será menester pensarlo globalmente.

Hay muchos otros factores que influyen: la alimentación, el entorno, el estrés, pero en la mayoría de los casos de infertilidad **se desconocen las causas**. Allí es donde me interesa reflexionar, porque tendremos que pensar sobre lo que no se ve ni aparece en las encuestas.

Posiblemente, tendremos que estar más dispuestos a reconocer la conexión entre nuestro ser interior y nuestro cuerpo, ya sea para **concebir, como para mejorar la relación con la fertilidad en general**. La infecundidad es un asunto generalmente poco claro. Muchos factores físicos, psíquicos y emocionales intervienen en la concepción... son tantos y tan enigmáticos que sería ridículo reducir la fertilidad a un asunto de inyectar la hormona correcta en el momento adecuado. A pesar de los avances científicos, es un campo de investigación que conserva sus enormes misterios.

Muchas mujeres no quedamos embarazadas porque una parte oculta y rechazada de nosotras mismas no lo desea, aunque esto no esté claro para la conciencia. En general, nos sucede a las mujeres exitosas en el mundo exterior, a quienes la presencia de un hijo nos arruinaría en parte nuestros planes. Muchas de nosotras continuamos siendo infecundas mientras trabajamos entre sesenta y ochenta horas semanales y estamos agotadas, obviamente. Además, intentamos ser exitosas en todos los planos, y acostumbradas a hacer grandes esfuerzos, nos esforzamos también en este asunto, creyendo que la batalla y la tenacidad son el camino adecuado para concebir un hijo. Paradójicamente, todos sabemos que las mujeres con menos identidad en el mundo laboral, concebimos más fácilmente y sin tanto lío.

Para concebir un hijo, necesitamos fundirnos en un "estar" puramente receptivo y quieto; no es algo programable dentro de la nutrida agenda llenísima de obligaciones. Por supuesto que tener un trabajo o una profesión no afecta en sí mismo a la fertilidad, sino que posiblemente tenga que ver con **la carga de identidad, deseo y libido** que las mujeres desplegamos en el trabajo. También cuenta la distancia emocional que hay entre nuestro ser interior y la mayoría de las actividades que desarrollamos en nuestra vida cotidiana. Ese alejamiento **entre el yo interno y el yo externo** nos puede dejar infecundas, y ésta es una realidad que se nos presenta cada vez más asiduamente, mostrándonos que hay un largo recorrido a transitar en la comprensión e integración de muchas de nuestras "partes" antes de traer un niño al mundo.

La fascinación que muchas mujeres desarrollamos por el mundo de las ideas, el entusiasmo en nuestros proyectos creativos, la "lucha" que emprendemos cada día para ser tenidas en cuenta, valoradas y respetadas en el mundo masculino, nos colman de adrenalina, vitalidad, deseo y pasión. Es una energía muy positiva y enardecida, que, seguramente, se traduce en resultados palpables: dinero, éxito, reconocimiento y ascenso social. Pero, a su vez, es una energía muy poco **receptiva**. Es difícil que un embrión decida anidar en un hogar tan poco calentito y acogedor.

Por lo tanto, tendremos que pensar honestamente sobre nuestros deseos ambivalentes y definir claramente a qué estamos dispuestas, qué pretendemos retener y qué situaciones estamos en condiciones de soltar. A veces, no somos capaces siquiera de tomarnos unas buenas vacaciones en pareja, de estar en reposo, de apartarnos del pensamiento, de dejarnos fluir en el aquí y ahora ni de entregarnos al placer. Eso podría ayudar, en parte, al abono del terreno propicio para la construcción de un nido humano.

Solemos intentar los embarazos acudiendo demasiado rápidamente a los tratamientos "estándar" que se centran en el cuerpo, como si fuera una máquina hormonal. Cuando **sólo** apuntamos a la tecnología, carísima e invasora, y nos olvidamos del corazón y de la historia emocional de cada individuo –y de cada pareja–, los resultados suelen ser decepcionantes y devastadores. Hay muchas maneras de encarar esta dificultad y, a veces, los tratamientos hormonales o la fertilización asistida arrojan buenos resultados a la hora de concebir, pero sería mucho más fecundo que las parejas en crisis afrontemos con valentía el poder conversar honestamente sobre lo que nos pasa.

Fertilizaciones asistidas

Generalmente, frente a la dificultad para concebir, las mujeres activas y entrenadas en el mundo externo, acudimos a lo que sabemos: el pensamiento, la lógica y las explicaciones claras. Esperamos luego obtener resultados confiables a través de los estudios más sofisticados. El desconcierto aparece cuando esos resultados no arrojan ninguna respuesta comprensible: no hay patología ni motivos para la esterilidad. Estamos saludables dentro de las mediciones que conocemos. ¿Qué hacemos? Pedimos ayuda. ¿Cuál es la ayuda que aparece con mayor "rating" en resultados concretos? Las distintas propuestas de fertilización asistida. Éstas tienen la atractiva ventaja de que "hay muchas cosas para hacer" y en el "hacer" nos sentimos seguras.

La fertilización asistida tiene atributos extraordinarios y, gracias a los diferentes métodos utilizados hoy en día, hay muchas parejas que han logrado concebir hijos sanos. Pero aunque no puedo probarlo "científicamente", admitamos que la inseminación artificial, como procedimiento traumático para la mujer, puede conducir a la inhibición misma del proceso que se desea conseguir. Funciona en contraposición a una sabiduría ancestral: que **el orgasmo es fecundante**. Las técnicas de fertilización más avanzadas ignoran que el estrés –producido por los mismos métodos de fertilización– son los principales responsables de los magros resultados en la concepción.

Sólo las mujeres que hemos atravesado las intervenciones –a veces muy cruentas– podemos dar cuenta del dolor y la humillación por los que hemos tenido que atravesar en pos de ese deseo genuino que es concebir un hijo. **Ésa es la sombra de la fertilización asistida**, lo que no se dice. Al igual que la información que las mujeres no obtenemos antes de emprender el largo camino de fertilizaciones que vamos padeciendo a medida que las diferentes técnicas fracasan.

Aunque hay varios métodos que son utilizados según la dificultad de cada pareja, explicaremos muy brevemente los más comunes: para fertilizar los óvulos que se niegan a ser fecundados naturalmente, se hace una punción en los ovarios para extraer algunos de estos óvulos rebeldes. El semen, por su parte, se obtiene a través de la masturbación. Luego se lo centrifuga y se lo selecciona cuidadosamente. El semen seleccionado se mantiene a treinta y siete grados en una atmósfera artificial, dentro de unas incubadoras especiales muy costosas. El óvulo se mantiene de un modo similar. Luego se sueltan los espermatozoides sobre el óvulo. Se supone que en esas inmejorables circunstancias, les resulta más sencillo llegar a destino, en vez de recorrer el largo camino de la vagina. Luego, el óvulo fecundado es llevado a la matriz de la mujer en el momento más favorable del ciclo. Hoy en día se suelen colocar tres, cuatro y más óvulos para "aumentar" las posibilidades de éxito.

El FIV (fertilización in vitro) va un poquito más allá. La realidad es que los espermatozoides se han vuelto tan débiles que ni siquiera logran romper la cubierta del óvulo aunque lo tengan a mano. Entonces, los ginecólogos lo atraviesan inyectándolo con una aguja, obligando al óvulo a no oponer resistencia. Resulta evidente que "naturalmente" estos espermatozoides no tendrían suficiente fortaleza para lograr su meta por sus propios medios.

La medicina reproductiva es hoy una especialidad en meteórico crecimiento. Los bebés "probeta" dejaron de ser una novedad, y se multiplican las clínicas especializadas. A su vez, es un campo genuino de experimentación y también es un muy buen negocio. **Hemos dejado de nacer en casa, hemos dejado de morir en casa y, en poco tiempo, dejaremos de ser concebidos en casa.** Esta costumbre cada vez más común de ceder a manos de especialistas lo que naturalmente correspondería al amor y a lo más vital que hay en nosotros, a lo más profundo y sagrado de los vínculos personales, se está instalando imperceptiblemente. Y hacia allí vamos.

Valdría la pena preguntarnos por qué en el Primer Mundo hay cada vez más varones debilitados para fecundar. Es posible que se trate de una compensación pendular, que equilibra con poder económico las deficiencias en materia de potencia sexual y de fertilidad. Parece que, últimamente, a los espermatozoides les falta fuerza vital, al igual que a su propietario que pierde interés en las relaciones y en la paternidad. Del mismo modo, parece que los óvulos no están dispuestos a la receptividad ni a la apertura, y rechazan cualquier acercamiento de su *partenaire*. Tomando en cuenta la sobrecarga de trabajo y de preocupaciones entre el hombre y la mujer, es posible que ambos transmitamos señales al alma que anda en busca de concepción, explicando que no hay demasiada disponibilidad para tal fin.

Por eso pienso que es primordial –antes de someterse a cualquier tratamiento– ingresar con paciencia y ternura en la biografía humana completa de la mujer que desea concebir y "no puede", al igual que en la biografía humana del varón, y, sobre todo, en la comprensión de los acuerdos tácitos de la pareja. Esto no es matemático, tampoco es garantía de nada, pero hay mucho material para investigar en los lugares más sombríos de cada individuo, antes de atosigar al cuerpo con sustancias tóxicas, hormonas que nos desequilibran, intervenciones quirúrgicas y situaciones terriblemente estresantes que nos dejan agotadas a las mujeres y desprovistos de virilidad a los varones.

Es imprescindible estudiar el vínculo profundo entre una mujer con dificultades para concebir y el varón que tiene al lado. Son muchísimas las mujeres que no disfrutamos del sexo o que no armonizamos en el vínculo sexual con el varón. En algunos casos, "tener un hijo" se ha convertido en el único acuerdo que sobrevive a la pareja, cuando todos los demás intercambios amorosos o la felicidad de compartir la vida cotidiana se han ido opacando con el tiempo. Esto es importante de tener en cuenta, ya que los inconvenientes y el estrés que generan los tratamientos –sobre todo si se prolongan en el tiempo a raíz de los pobres resultados– necesitan una pareja muy unida, dispuesta a conversar, acompañarse y nutrirse del amor que los une.

Tengamos en cuenta que la fertilización asistida quita toda intimidad a la pareja. Quedan bastante empobrecidas la sexualidad, la sensualidad y los secretos de alcoba: éstos ya no tienen razón de ser, no sirven para nada, no han resultado provechosos. Ahora hay un objetivo concreto, compartido con unos cuantos profesionales que se filtran entre las sábanas, y varios parientes y amigos que opinan, proponen, deciden y participan como si fuera un evento social. En este sentido, la intimidad resulta lastimada, y no es fácil reconstruir los acuerdos amorosos con tamaña exposición comunitaria. Vale aclarar que **el nacimiento de un niño sí es un evento social, pero la concepción es pura y exclusivamente un evento de la pareja.**

Por eso, considero que las diversas técnicas de fertilización asistida deberían considerarse sólo después de agotar las búsquedas personales y de pareja, y sabiendo que cada pareja va a tener que prepararse para atravesar un tiempo de crisis, de heridas, de sometimiento, de despersonalización y de angustia. Iniciar tratamientos de fertilización asistida merece parejas muy consolidadas, donde abunde el diálogo, el acompañamiento amoroso, la generosidad y mucha dedicación de uno hacia el otro. Sin olvidar que quien pone el cuerpo, con todo el dolor, la frustración y la esperanza, es la mujer.

La fertilización asistida puede tener un sentido pleno si va unida a un cambio interior, pero, en ciertas ocasiones, **como medida exclusiva no es suficiente para atraer un alma.** Dar prioridad a los actos técnicos y funcionales solamente, en lugar de buscar maneras posibles de hacer el amor con diversión, alegría, tiempo y placer, es un reflejo de nuestro tiempo y de nuestra manera de vivir. La pareja requiere tiempos de silencio, de ayuno espiritual, de despojamiento de obligaciones materiales y sociales. Desde ya, necesitamos pasar momentos juntos, lejos de eventos comunitarios o familiares. Necesitamos pensar en qué circunstancias y dentro de qué relaciones estamos perdiendo nuestras energías creativas y cómo podemos recuperarlas para la construcción del futuro nido.

Hasta los especialistas más sofisticados en materia de fertilización saben que proponer a la pareja unas buenas vacaciones da, en ocasiones, mejores resultados que las costosísimas intervenciones. Y esto es primordial, ya que al encarar los problemas de fertilidad, se olvidan de **abordar la cuestión del erotismo**. Raramente se conversa sobre esto, porque creen que, como profesionales, no les incumbe, pero, paradójicamente, luego se escabullen en lo más íntimo y secreto de cada vínculo amoroso.

No conversar sobre los encuentros amorosos, sobre cómo cada uno dentro de la pareja vive la sexualidad, la relación con el propio cuerpo, el deseo, los estímulos, el placer y el displacer, da cuenta de la ceguera con la cual se pretende abordar el asunto del embarazo que no aparece. Es obligación, en tanto profesionales, indagar si la mujer tiene toda su identidad colocada en el trabajo o vocación, y también tener en claro si el varón tiene, a su vez, absolutamente toda su identidad, libido y deseo puestos en su crecimiento laboral, y saber si, en ese caso, **la identidad de la pareja** se constituyó dentro de ese modelo compartido y sostenido por ambos. En principio, se debe investigar qué espacio afectivo hay disponible para un niño real y así se tendrá la oportunidad de traer a la luz estos aspectos no tan claros para la pareja, que vive el deseo del niño como un hecho indiscutible. También se puede preguntar delicadamente sobre diferentes aspectos de la vida sexual de la pareja, aunque espontáneamente ni la mujer ni el varón lo hayan relatado abiertamente. Es importante preguntar qué los une, además del amor. Cómo se manejan en los vínculos por fuera de la pareja, por ejemplo, con relación a las familias ascendentes. Si hay discordia, si hay apoyo, si el deseo y la admiración de uno hacia el otro siguen estando presentes o bien si esos aspectos están en conflicto. En fin, todos los elementos que puedan ayudar a que esta pareja converse honestamente entre sí, será en beneficio de todo intento de fecundación consciente, incluso si han decidido encarar el camino de las fertilizaciones asistidas.

Me sucede con frecuencia en mi consultorio, al construir las biografías humanas de uno y otro miembro de la pareja, constatar que el tiempo que pasan juntos es realmente escaso. Y que dentro de ese poquísimo tiempo que se dedican uno al otro, llamativamente creen entenderse maravillosamente bien. Pero no tienen ni la costumbre, ni el entrenamiento de compartir la vida cotidiana, ya que sus horarios, tan cargados de obligaciones, apenas les dejan algunos momentos de ocio que comparten con otras personas. **Pero intimidad, hay muy poca, aunque "hagan el amor" todas las noches.** Y conversaciones sobre cuestiones personales, prácticamente ninguna.

A veces creo que hoy en día, tal como vivimos la mayoría de las parejas, es un milagro que muchos de nosotros logremos concebir niños y podamos llevar a término los embarazos.

También es verdad que en estas dos últimas generaciones, las mujeres hemos decidido retrasar entre diez y veinte años la procreación, y esto está cambiando radicalmente el modo de vivir, de concebir y de organizar las familias. Millones de mujeres nos hemos rebelado contra la vida circunscrita que hemos visto vivir a nuestras madres y abuelas. En algunos casos, estas madres nos han incitado a cursar una carrera universitaria, para no repetir sus historias de sometimiento y tener acceso a la libertad, al dinero y al despliegue de las potencialidades que ellas no lograron alcanzar. Muchas de nosotras hemos tenidos los primeros abortos a la edad en que estas madres y abuelas tenían a sus primeros hijos. ¡Reconocer históricamente dónde estamos ubicadas nos puede ser útil a la hora de pensar en lo embarazoso que nos resulta a veces quedar embarazadas!

Por último, es menester reconocer que la cultura occidental viene cultivando, a lo largo de los años, una manifiesta enemistad contra los embarazos y eso deja huellas en nuestro organismo. Me refiero a que si durante mucho tiempo hemos tomado hormonas (como las píldoras anticonceptivas) y hemos simulado un seudoembarazo provocado químicamente, anulando el ritmo natural, los óvulos y la hipófisis "olvidan" cómo producir las hormonas correspondientes. Así es como perdemos la capacidad de preparar el terreno mensualmente para un embarazo verdadero. Lo paradójico es que, una vez más, el tratamiento médico convencional propone ingerir nuevamente hormonas. En este caso son distintas de las anteriores, pero proporcionan la misma ilusión de poner en marcha un funcionamiento que sigue siendo artificial. En este sentido, hay que tener en cuenta la historia ginecológica de cada mujer, cuando nos ocupamos de los problemas de fertilidad.

La maternidad y la paternidad son un misterio en sí mismos. Son muchas las preguntas para plantearnos dentro de una pareja infértil. Pero, básicamente, necesitamos sincerarnos sobre qué estamos dispuestos a sacrificar a favor del niño y ser honestos respecto a nuestra experiencia con relación a la libertad, el trabajo, el éxito, los viajes y la tranquilidad. Es un momento único para aprender a querer lo que recibimos, en lugar de recibir lo que queremos.

Mellizos, trillizos y cuatrillizos

Los tratamientos de fertilización asistida arrojan varios resultados posibles:

Uno: el más esperado (pero no el más frecuente, por ahora) es la concepción de un embrión, un embarazo sano y un parto y nacimiento felices.

Dos: el más temido, pero el más frecuente, es que no haya resultado. No hay embarazo. Entonces se van probando otros métodos mientras la salud psíquica de la pareja aguante... y mientras alcance el dinero. Tres: el "inesperado", ambivalente e insólito, que es la concepción de varios embriones. Es decir, un embarazo "múltiple".

Los embarazos múltiples son cada vez más comunes y corrientes, como consecuencia del fenómeno de la masificación de las fertilizaciones asistidas que se realizan según una insólita lógica matemática, a saber: si introducimos cinco, seis o más óvulos fecundados, aumentan las posibilidades de éxito. Así de simple y de necio.

Muchas mujeres **no sabemos** qué cantidad de óvulos fecundados nos son introducidos. La mayoría de nosotras no preguntamos, ya cansadas de tanto estrés, rezando para que esta vez haya algún resultado positivo, después de tantos esfuerzos y con el cuerpo atosigado de hormonas. Vale destacar que no hay evidencia científica que avale que a mayor cantidad de óvulos se logren más embarazos. Sin embargo, las matemáticas ejercen sus influencias y se sigue practicando este sistema y, en consecuencia, a veces todos esos óvulos fecundados **sí anidan**. En las primeras ecografías aparecen, en principio, dos embriones, luego tres y unas semanas más tarde se divisan cuatro. Pero resulta que esos "resultados positivos" que luego harán parte de prolíficas encuestas científicas, no reflejan lo que nos pasa, en tanto mujeres que deseábamos **un hijo** y que, de un día para el otro, nos encontramos frente a un futuro incierto y aterrador. A veces, algunos embriones "se pierden", es decir que no siguen su desarrollo. En el mejor de los casos se conservan entre dos y tres embriones.

Según las estadísticas, las fertilizaciones asistidas fabrican mayoritariamente mellizos, pero prefiero describir las dificultades en la concepción, embarazo, parto y crianza de trillizos y más, ya que son en estos casos donde la vida se nos da vuelta para siempre, unos ciento ochenta grados, como lo describen muchos padres de familias múltiples. Las mujeres tenemos dos brazos y dos pechos, o sea que **hasta dos bebés** nos sentimos capaces de criar. De hecho, hay mellizos que nacen naturalmente, y siempre los ha habido. Pero los casos de trillizos y cuatrillizos son casi exclusivamente productos de fertilizaciones asistidas.

Los embarazos múltiples son riesgosos por definición; las mujeres embarazadas tenemos enormes dificultades y limitaciones, y el control médico al que necesitamos someternos es abrumador. Por supuesto, todos estos embarazos terminan en cesáreas programadas antes de las fechas de parto, a veces entre la semana treinta y cuatro y la semana treinta y seis, ya que las madres no podemos albergar más tiempo a tres o cuatro bebés. Los bebés nacen prematuros, pequeños y, prácticamente sin excepción, pasarán bastante tiempo internados en las terapias neonatales. Muchos de estos bebés nacen con dificultades respiratorias (es lo más común) y algunos de ellos continuarán por mucho tiempo con ciertas enfermedades o discapacidades por el simple hecho de no haber adquirido la madurez suficiente, ya que han tenido menos tiempo de vida intrauterina de la necesaria.

Desde el lugar de las embarazadas, casi siempre estamos obligadas a abandonar el trabajo. Frecuentemente somos mujeres muy activas y emprendedoras, con poco contacto con nuestros ritmos femeninos y, consecuentemente, con poca capacidad para procrear. Pero, paradójicamente, el embarazo múltiple nos obliga a abandonar **completamente** toda actividad, acercando el otro polo de modo cruento y "por destino". Quiero decir, que cuando tenemos centralizada **toda nuestra identidad en la energía social y externa**, estaremos obligadas –a raíz de la maternidad múltiple– a centrar **toda nuestra identidad en maternar** a tres o cuatro bebés, perdiendo todo vínculo con nuestro yo externo y **sin integración posible entre nuestras dos realidades emocionales.**

Me llama la atención, entre las madres múltiples a las que he tenido acceso personalmente, la cantidad de **mujeres abogadas** que arriban a esta situación tan paradójica: pasar de ser dueñas de bufetes prestigiosos, donde la jornada laboral puede extenderse hasta catorce horas diarias, a quedarse sumidas en la locura de atender al mismo tiempo tres o cuatro bebés muy necesitados, con bajo peso, sin dormir ni de día ni de noche, con personal dentro de la casa, sin libertad ni autonomía de ningún orden, totalmente fuera del pensamiento racional y, en algunos casos, abandonando para siempre una carrera profesional brillante. Lo contradictorio de esta situación, es que si esa misma mujer abogada hubiese podido **conectarse al menos un poco** con sus aspectos más femeninos, tal vez hubiese logrado naturalmente **un embarazo**, y hubiese podido continuar desarrollando su profesión, en parte. Pero la realidad responde una vez más a la Ley del Péndulo: cuanto más forzamos un polo, más fuertemente aparece el opuesto.

Es importante saber que una vez que los bebés nacen, tenemos que atravesar luego días, semanas o meses de angustia hasta que estén en condiciones de regresar a casa. Por otra parte, las madres también solemos acarrear secuelas físicas, a veces irreparables, ya que hemos albergado en nuestro vientre más niños de los que nuestra matriz está naturalmente capacitada para cobijar. Así, todos maltrechos, regresamos un día a casa, en muchos casos sin poder amamantar y haciendo esfuerzos sobrehumanos.

El personal doméstico, las *nurses* o la ayuda indispensable de familiares nos acercan otra realidad difícil de asumir para las mujeres acostumbradas a arreglarnos solas, hacer todo bien y tener una vida autónoma. Nos encontramos invadidas por personas afines y no tanto, pero insustituibles cuando necesitamos ir al baño, lo que convierte a nuestro hogar en el lugar menos íntimo del planeta. Así, terminamos de perder la poca autonomía o libertad que imaginábamos conservar. Los días y las noches se convierten en una locura de mamaderas, organización por colores, horarios, fechas y cintitas bordadas, que nos van dando algún parámetro de qué le toca a cada bebé a cada instante. La casa queda desbordada de cochecitos, cunas, mantas, biberones esterilizados y sucios, montañas de pañales, olor a vómitos, llantos y quejas, y una única premisa: tenemos que llegar al día siguiente sin morir en el intento.

Los varones suelen ser muy solidarios, y en la mayoría de los relatos de las madres puérperas aparecen "codo a codo", respondiendo a las demandas de los bebés y siendo eficaces y resolutivos, al menos mientras están en casa. Generalmente, no hay otra opción, y la pareja funciona casi a la perfección como una calibrada maquinaria cada vez más aceitada y precisa.

Con suerte, un siglo más tarde los bebés cumplen un año. Salir a la calle con todos necesita unas horas de preparación. Las familias con mejor nivel económico ya hemos cambiado el auto, nos hemos mudado del departamento a una casa, contamos con personal doméstico rotativo y mismo así estamos al borde del colapso. A las familias que no podemos acceder a mayor confort, ni vale la pena describir lo que nos pasa.

¿Y la pareja? ¿Y la intimidad? Una madre múltiple me respondió: "¿Y eso qué era?", riéndose de sí misma. Está claro que recomponer la pareja quedará, en el mejor de los casos, para un "más adelante" difuso, y ése es un precio que pagaremos durante muchos años. Por ahora, nos hemos transformado en socios para la supervivencia, y le damos prioridad siempre a lo urgente, lo necesario y lo inmediato. Los varones, si tienen un trabajo, al menos pueden conservar un lugar de identidad sin derrumbarse, aunque su intimidad, su sexualidad y sus necesidades afectivas hayan quedado totalmente relegadas. Las mujeres lo pasamos bastante peor, al perder, en la mayoría de los casos, todo lugar de identidad y de conexión con el mundo lejano-de-afuera. Y sin tiempo siquiera para recordar que también tenemos necesidades afectivas. En fin, las parejas apenas sobrevivimos intentando conversar alguna vez.

Claro que como padres de hijos múltiples amamos profundamente a todos nuestros hijos, que se van convirtiendo en seres maravillosos. Pero quiero recalcar que todos hubiésemos preferido tener hijos "de a uno", disfrutarlos y amarlos, sin tener que dejar la vida en ello.

A partir de las vivencias y relatos de madres múltiples, estamos pensando seriamente en reconocer que el puerperio, es decir, el período de fusión emocional, se multiplica con cada hijo. En el caso de mellizos, estamos evaluando que el puerperio duraría cuatro años, en el caso de trillizos, duraría seis años, y así sucesivamente. Recomiendo releer mis dos libros antes mencionados para refrescarnos un poco sobre el fenómeno de la fusión emocional y la navegación en el mundo "yin".

Creo que, como individuos y como sociedad, nos debemos algunos pensamientos en torno a esta realidad, que va a propagarse rápidamente, ya que, como hemos visto, nos garantiza "resultados" concretos. En casi todos los jardines de infantes hay, hoy en día, varias familias de niños múltiples; ya no son casos excepcionales. Por eso necesitaremos capacitarnos y profundizar sobre esta temática tan particular, pero cada vez más usual. En breve aparecerán libros y textos con consejos útiles para las familias múltiples, así como directivas para docentes que reciben en sus salas a mellizos y trillizos. También ya existen organizaciones de familias múltiples que ayudan, se solidarizan y ofrecen servicios a otras familias "primerizas" en estas experiencias. Todo esto es muy útil y necesario, y está siendo operativo.

Personalmente, sólo deseo aportar un pensamiento global sobre esta realidad que estamos construyendo entre todos. Nos puede servir al menos reconocer que muchas mujeres no estuvimos dispuestas a reducir **en parte** nuestras propias metas personales respecto a nuestro desarrollo externo, mientras anhelábamos un hijo que no llegaba. Y que, paradójicamente, acabamos abandonando **completamente** nuestras profesiones u oficios, perdiendo la totalidad de nuestra identidad consciente, pagando precios emocionales mucho más caros.

Somos testigos de la polaridad entre "vacío de hijos" e "inundación de hijos". Una vez más, no logramos **integrar dos realidades dentro de un mismo campo emocional**. Parece que un "deseo" tiene que obtener una ganancia aplastante sobre el otro "deseo". Y nos perdemos la oportunidad de ir al fondo en la multiplicidad de deseos que nos constituyen.

Capítulo 11

De lo individual a lo colectivo

Indagar dentro de uno mismo.
Organizar una biografía humana.
De lo individual a lo colectivo.

Indagar dentro de uno mismo

"Si hay pureza en el corazón, habrá belleza en el carácter. Si hay
belleza en el carácter, habrá armonía en la familia. Si hay armonía en
la familia, habrá orden en la nación. Si hay orden en la nación, habrá
paz en la tierra."

SRI SATHYA SAI BABA

T odos los individuos compartimos dentro de la misma cultura valores sobre la vida, la muerte, la naturaleza, el bien o el mal, que organizan nuestra psique de un modo determinado. La dificultad –más pronunciada en Occidente que en Oriente– reside en la incompatibilidad que suponemos debería haber entre los lugares luminosos y los lugares sombríos. Por eso, no toleramos la ambivalencia ni las contradicciones profundas, a pesar de constatar –dentro de la búsqueda personal del tipo que sea– que podemos ir encontrando la lógica profunda entre los polos opuestos.

Si somos terapeutas o guías, será indispensable –antes que nada– trabajar a fondo nuestros aspectos más oscuros, con ayuda, a su vez, de otras personas que nos puedan aportar luz, desde la sensatez y la generosidad. C. G. Jung dijo que no se puede llevar a una persona a una profundidad mayor que la que uno mismo haya logrado alcanzar. No podemos ver nada en el otro que no hayamos visto en nuestra propia mente. Por eso necesitamos entrenarnos en la comprensión intuitiva de nosotros mismos, para enriquecernos y luego poder operar, acompañando al otro dentro de una escucha genuina.

Nuestro principal obstáculo es la tendencia a conservar intactas nuestras creencias básicas, es decir, prorrogar la construcción mental que hemos definido sobre quiénes somos y qué relación tenemos con los

261

demás. Y también sobre nuestro rol en el acompañamiento terapéutico del otro. Movernos dentro de esos esquemas y dentro de esas interpretaciones pretéritas nos sirve para darnos seguridad y para mantenernos en una posición de "supuesto saber" que nos otorga un poder relativo respecto al otro.

Toda esa dinámica humana es natural y hace parte de las relaciones entre las personas, pero cuando pretendemos posicionarnos en el lugar de iluminar la sombra del prójimo, estamos obligados a trabajar incesantemente con nuestros lugares oscuros. Y, muy especialmente, con nuestra violencia interior. Ya está claro que me refiero a la capacidad de aceptar los deseos, las opiniones, las sensaciones, los sueños y las dificultades de los demás, sin por ello sentir que morimos o desaparecemos. Es decir, tendremos que estar especialmente atentos a observar qué sucede cuando un otro "entra" en nuestro campo emocional y revisar si, por casualidad, este movimiento lo vivimos como peligroso. Esta extraña sensación indescriptible es mucho más frecuente de lo que creemos. Raramente nos damos cuenta, porque solemos utilizar velozmente alguna interpretación inteligente, de modo de inundar al otro con nuestras opiniones, antes que el otro se anime a "ganarnos" en el territorio de la consulta que estamos queriendo compartir.

Por eso es indispensable iniciar o continuar diversos trabajos de indagación personal; incluso ir cambiando de terapeutas o guías después de un cierto tiempo. Todos somos seres humanos, que nos encariñamos, nos identificamos o nos sentimos cerca del consultante, por el sólo hecho de acompañarlo en crisis vitales muy profundas. Entonces, hay un momento en que el amor que nos une nos torna ciegos a sus manifestaciones sombrías.

También vale la pena darse cuenta de si en algún momento nos sentimos demasiado cómodos en nuestro lugar de consultantes. En esos casos, tal vez el terapeuta ya no esté siendo muy operativo. No está metiéndose con nuestros lugares sombríos, que nos tienen que incomodar, por definición de sombra. La movilidad, el ritmo y el cambio que necesitamos van de par con la capacidad de seguir revisando cada vez más profundamente nuestros lugares dolorosos y difíciles de abordar, de lo contrario, nuestro trabajo con otras personas perderá en calidad y sentido.

Revisar constantemente nuestra propia mitología, es decir, el conjunto de creencias, sobre todo psicológicas, nos permite ensanchar nuestras fronteras emocionales. De lo contrario, podemos estar muchos años en terapia sin modificar nada. Alguna vez tendremos que atrevernos y pagar el precio del conocimiento interior, algo así como "morirnos un poco". Me refiero a una muerte psíquica, a un despojamiento de nuestra identidad. Y éste es el motivo por el cual las personas resistimos tanto traspasar las fronteras de nuestras creencias mitológicas: porque cambiar es fundamentalmente atrevernos a ampliar nuestro yo profundo.

El dolor y la iluminación llegan al mismo tiempo. Algunos de nosotros huimos a refugiarnos en los lugares cómodos y conocidos y otros estamos dispuestos a que suceda lo que tenga que suceder. Todos lo podemos hacer: oportunidades no faltan. La iluminación es ambivalente: es dolorosa y, a su vez, trae noticias extraordinarias, que nos confirman lo que ya sabíamos en el fondo de nuestro corazón. Por eso también trae alivio y paz interior.

Normalmente, nos pasamos la vida amontonando en el armario todo lo oscuro y, un buen día, lo arrojamos al mundo subterráneo, donde pasa a constituir el material del que está hecha la sombra. Cuando acontece una crisis cualquiera y aflora, nos aterrorizamos porque simplemente desconocemos lo que hay de nosotros mismos guardado allí. La terapia consiste en tomar contacto con la propia sombra, de lo contrario vamos a aterrorizarnos a cada paso. No podemos renunciar para siempre a nuestros lados oscuros, manipuladores o coléricos, porque aparecen en los momentos menos esperados, o bien proyectados en las personas con quienes nos vinculamos, sobre todo si no los reconocemos como propios. Sólo confrontándolos podremos trascenderlos.

Hay momentos muy críticos en nuestra vida, en que necesitamos encender la luz, como cuando éramos niños y escuchábamos un ruido extraño por la noche: precisábamos que apareciera un adulto para encender la luz y comprobar qué era lo que producía aquel ruido. Una experiencia terapéutica genuina es una manera posible de intentarlo.

Organizar una biografía humana

¿Cómo podemos comprender a otra persona? **Escuchándola genuinamente.** Escuchando mucho más que hablando. Haciendo buenas preguntas. Dialogando. Y estando atentos a nuestras percepciones. Pero, ¿cómo verificar si nuestras percepciones tienen alguna base en la realidad? Comprobándolo con los interlocutores. Esto es muy útil en las consultas de parejas: donde cada uno relata una situación conflictiva o tensionante desde percepciones muy distintas. Sólo dialogando y relatando las propias experiencias podemos aclarar las cosas. Por supuesto, en un proceso dinámico, estaremos constantemente cotejando si nuestra interpretación de la situación tiene relación con la realidad subjetiva que nos están relatando.

Como ya he descrito con anterioridad en *Puerperios y otras exploraciones del alma femenina*, la biografía humana tiene que seguir una cronología detallada. Y necesita un profesional experto que pregunte una y otra vez por todo lo no dicho, lo no nombrado, lo no recordado. A veces me sucede recibir a una persona que no puede casi emitir sonidos sobre sí misma, salvo balbucear: "todo normal", "todo bien" y "no me acuerdo". Entonces suelo "inventar" situaciones, como si fueran cuentos para niños, a la espera de que la persona asiente con su cabeza o, por el contrario, que se distraiga… y así voy "construyendo" un hilo lógico sobre la base de registros muy sutiles. En un punto, lo que la persona relata a veces es lo que menos me interesa, sobre todo si percibo que lo describe basándose en sus propias interpretaciones, en lugar de traer sus recuerdos o sensaciones desde la fidelidad de la memoria intuitiva.

En otras ocasiones, los relatos están tan cargados de información que tendemos a confundirnos. Si la biografía humana ha sido construida con prolijidad, tendremos que destilar la información hasta reducirla a un boceto preliminar. Toda vida sigue un hilo mágico, y si lo encontramos, nos llevará directamente al corazón del laberinto y nos ahorrará una gran cantidad de tiempo y esfuerzo. Lo que nos aporta el relato de la persona es una guía para saber dónde ha depositado sus propios lugares de identificación y para comprender cómo ha organizado su propia mitología personal. Pero luego tendremos que seguir la búsqueda, sin pretender sumar más experiencias infantiles del mismo estilo. Si siempre estamos buscando "algo más", terminaremos enredados en un complejo laberinto sin saber qué hacer con toda la información recibida. La construcción de una biografía humana merece cierta práctica, pero la interpretación es un arte y, como tal, es difícil de enseñar, sólo la podemos invocar, permitiendo que surja la capacidad interpretativa que hay dentro de cada uno de nosotros.

Es verdad que las personas pedimos consultas en medio de enormes crisis vitales. Y creemos que hay algo muy urgente para resolver. Pero no nos damos cuenta de que, en todo proceso de sanación, irrumpe una insospechada creatividad, ya que cuando la sombra emerge de las profundidades del ser, puede actuar con un don especial y una profunda comprensión intuitiva. Por lo tanto, suele ser el momento perfecto para abordar los rincones más dolorosos y ocultos de nuestra historia emocional.

Una vez que nos atrevemos a iniciar este proceso, luego durará toda la vida. Es un desarrollo constante de volverse hacia adentro y hacia abajo, en una espiral descendente que gira hasta llegar al corazón. Y algo más: dentro de cualquier sistema de abordaje de una vida humana, tendremos que estar dispuestos a vibrar con el **misterio inherente a la condición humana**. Es poco lo que sabemos. Pero mucho lo que está al alcance para ser descubierto.

De lo individual a lo colectivo

Hemos dicho que, en la medida en que vamos constituyendo nuestra sombra y nuestras creencias básicas, al no poder reconocerlas como propias, vamos proyectando todo ese material emocional al exterior. Luego, creemos que **eso que sucede afuera no tiene nada que ver con nosotros**. Dicho de otro modo, se supone que todo trabajo terapéutico debería estar centrado en **interconectar lo que "hemos organizado dentro" con lo que "sucede fuera"**.

Es sencillo darse cuenta de que nuestras sombras individuales están tan cargadas y pujan tanto por aparecer en la superficie, que nos convertimos en un ejército de ciegos emocionales, que, para colmo, nos enojamos cada vez más con los enemigos que surgen por doquier.

La **suma de individuos enojados con el afuera**, que proyectamos el "mal" en cualquier lugar mientras sea diferente del propio, conformamos dentro del **inconsciente colectivo** el conjunto de ideas –y sobre todo temores– que brotarán de nuestras mentes al igual que de las de un gran número de personas. Cuando surge una idea bien contraria a otra, donde podemos depositar sin riesgo todos nuestros enojos personales, suelen manifestarse las "epidemias mentales" de grandes proporciones. Y es difícil no quedar atrapados en esta "participación mística", donde no hay un límite claro entre la propia creencia personal y la creencia colectiva.

Casi toda la organización política actual y los líderes de los países comprenden muy bien este mecanismo de la conciencia y lo usan en su propio provecho. Luego, esos mismos mecanismos se vuelven en su contra unos años más tarde, porque se van convirtiendo paulatinamente en el enemigo que la masa de individuos necesitamos tener al alcance de la mano, para arrojar allí toda la basura emocional, personal y colectiva.

En la historia reciente y actual hay numerosos ejemplos para revisar la dificultad que tenemos en "escuchar" lo que el otro tiene para decir. Y esta dificultad es análoga entre dos individuos o entre dos naciones. Es lo mismo. Reflejan exactamente la misma **necesidad violenta de ocupar todo el territorio emocional, porque somos una suma de individuos faltos de maternaje.** Conformamos una unidad donde cada uno de nosotros supone que sólo obteniendo poder, dinero, petróleo, fama, más dinero y ampliación de las fronteras, sólo así, estaremos resguardados. Porque la sensación interna de peligro es total y permanente, y porque en nuestra organización emocional, estamos solos y nos acechan los depredadores. Siempre y en toda circunstancia.

Hoy estamos viviendo y mirando a través de las pantallas de televisión y de las computadoras de todo el mundo, por un lado, los desastres de la guerra de Irak, avalada y llevada a cabo por los habitantes de la nación más rica y poderosa del mundo; y por el otro, los ataques a las ciudades más importantes de Occidente, realizados y apoyados por una parte de la comunidad musulmana que dirige toda su atención en la destrucción de los Estados Unidos y países aliados. Y esto es –en otra escala– análogo a una simple batalla legal por la tenencia de un hijo en un divorcio controvertido.

Lo más llamativo es que en ninguno de los dos "bandos", por nombrarlos de alguna manera, hay intenciones de "escuchar lo que el otro viene a decir". Porque no toleramos colectivamente **la inclusión, la integración** del otro. Como hemos visto en capítulos anteriores, la vivencia primaria ha sido establecida sobre la base de que en un mismo territorio emocional sólo puede **vivir uno en detrimento del otro**. Y esto que vivimos muchos individuos, en nuestras **experiencias vitales individuales**, se va agregando, sumando y adicionando, hasta **generar una sensación grupal de desprotección, de miedo y de inseguridad**. Luego, necesitamos "armarnos" hasta los dientes para defendernos de los enemigos que viven en nuestro interior, aunque sólo los podamos ver si los proyectamos en el afuera.

Cuando nuestras propias vivencias de desprotección, de soledad y terror, que fueron totalmente **reales en nuestra infancia**, y de las cuales no tenemos recuerdos conscientes, **encuentran un modelo concreto y satisfactorio** donde pueden ser vengadas y cuando somos **muchos los individuos que compartimos este miedo** monstruoso que nos devora, la **participación colectiva contra un enemigo** cualquiera es muy fácil de organizar. Al provenir mayoritariamente de familias donde la violencia visible o invisible hizo estragos, los pueblos y las naciones nos embanderamos con una facilidad aterradora detrás de cualquier mensaje que contenga la palabra **"contra"** lo que sea. Y así vamos a la guerra. Así cerramos las fronteras a nuestros vecinos. Así crece nuestra xenofobia. Así sospechamos de cualquier vecino que se viste o habla de un modo diferente del nuestro. Así votamos a nuestros líderes. Así creemos salvarnos de ese enemigo que sigue vivito y coleando en nuestro interior, pero que suponemos que desaparecerá en la medida en que "luchemos" contra ese enemigo allá afuera.

Por otra parte, estamos muy seguros de que encarnamos "el bien", en principio porque hemos determinado que nuestros enemigos encarnan "el mal", aunque no queremos enterarnos de que ellos cuentan la historia exactamente al revés, donde nosotros somos la configuración del mal para ellos. En fin, para colmo estamos convencidos de que "nuestras luchas son justas" porque defendemos la libertad, la esperanza, la fraternidad y todas esas cosas bonitas que decimos mientras cantamos algún himno estremecedor.

Quiero decir que **ninguna lucha es justa**. Toda **lucha es consecuencia de la ceguera interior**. Se trata de **apropiarnos de todo el territorio emocional disponible**. No hay nada para destruir allá afuera. Hay todo para comprender, y para integrar, porque hace parte de nosotros mismos. **Los movimientos sociales son análogos a los procesos personales.** Descreo de las transformaciones verdaderas de los pueblos si no vienen junto con procesos individuales destinados al conocimiento interior, al pensamiento y la meditación, a la entrega y el amor en todas sus formas. Por eso puede ser más útil y concreto pensar en las capacidades personales de hacer movimientos a favor de las búsquedas personales, porque de ese modo, podremos ofrecer mayor comprensión y solidaridad al mundo.

Las mujeres tenemos la posibilidad de reencontrarnos con nuestro ser esencial, simplemente escuchando el movimiento de nuestros cuerpos. Si cada mujer pudiese respetar su ritmo femenino, sólo en ese sencillísimo accionar, algo se acomodaría dentro de cada una. Y ese ritmo natural, salvaje y genuino, manchado de sangre y perfumado con flores, abriría las puertas al conocimiento intuitivo, y a través de él, a la inmensidad de nuestras experiencias vitales. De este modo, tendrían lugar para existir. Y si las experiencias pueden existir, no es necesario luchar en contra de ellas. Así es posible permitirles el despliegue y, por ende, el desarrollo de nuestras capacidades ocultas. Insisto en que de este modo no hay nada contra qué luchar.

En este sentido, creo que **cada madre que pueda hacerse preguntas personales y ser honesta consigo misma, está haciendo la revolución**. Porque no es ella la única beneficiaria, sino que también obtendrán frutos sus hijos y los hijos de sus hijos, y así hacia el futuro.

Imaginemos una madre cualquiera que atraviesa una depresión puerperal y que en lugar de acudir a los medicamentos psiquiátricos, decide emprender un proceso de indagación personal. Así, entre dolores y culpas, recordará anécdotas miserables de su propia vida, reeditará situaciones que hubiese preferido no recordar, llorará por sus pésimas decisiones en el ámbito afectivo y, con suerte, encontrará algunas metas personales para un futuro cercano. También ampliará su capacidad de mirar genuinamente a ese hijo pequeño. Intentará nombrar con palabras sencillas todo lo que va comprendiendo de sí misma y le relatará suavemente a su hijo sus propios recorridos. Compartirá con su compañero de vida sus descubrimientos personales. Tomará muy en cuenta su historia de violencia emocional y estará especialmente atenta a sus incapacidades para escuchar a un otro diferente o para permitir que ese otro ingrese en su íntimo mundo afectivo. Reconocerá su miedo, su terror a ser devorada. Intentará construir sostenes para poder amamantar en paz. Pasados algunos años, buscará ayuda para tolerar que ese hijo muestre deseos de independencia. Reconocerá que ese hijo no se parece en nada al hijo que ella imaginó. Y que, sin embargo, lo ama tal cual es. Ese niño podrá poner palabras sencillas a sus sentimientos, porque la madre y el padre nombrarán siempre, a cada instante, lo que les pasa a ellos, y le prestarán palabras al niño para nombrar lo que le pasa a él. El niño será acompañado en sus búsquedas, sin imposiciones ni prejuicios de adultos. Comprenderá a sus padres. Los conocerá. Y sabrá que sus padres lo comprenden y saben lo que le pasa. Ingresará en la adolescencia con suficiente seguridad interior, explorará su sexualidad dentro de los cuidados que se merece. Y el día que devenga adulto, será una madre o un padre que naturalmente sabrá maternar o paternar, sin que por ello entre en conflicto su propia identidad. Porque sabrá muy profundamente que dentro de un solo corazón hay lugar para muchos. Y sabrá que pueden convivir múltiples afectos, deseos, proyectos y sueños, sin lastimar a uno en detrimento del otro.

No es tan utópico. Y lo podemos implementar en cualquier sistema de convivencia, de creencias o de organización familiar o económica.

Cuando un individuo **libre, es decir, libre de temor primario**, se vincula con otro tiene toda la seguridad interior que comparte y contagia, e inunda de bienestar el vínculo de amistad, amoroso, laboral o familiar. Cuando varios individuos nacidos en familias no violentas (que son pocas, pero que las hay, las hay), crecen y se vinculan, van multiplicando la sencillez, la alegría y la inteligencia de estar muchos en un mismo ámbito sin por ello generar conflictos.

Si estamos seguros interiormente no es peligroso que alguien piense diferente de lo que pensamos nosotros, porque hay espacio suficiente para compartir ideas opuestas. Podemos convivir con esas diferencias, porque no atentan contra nuestra identidad. Vale recordar, que la **seguridad interior de la que hablamos se construye en la infancia y depende casi exclusivamente de la calidad de maternaje recibida.**

Pero "ser feliz" no tiene nada que ver con la ingenuidad. Al contrario. Los niños cuyos padres se han interrogado siempre, han compartido con los hijos sus preocupaciones, sus contradicciones profundas y sus búsquedas personales, aprenden por imitación a cuestionarse, a bucear siempre más allá, a descreer de los pensamientos impuestos y a unir su mente con su corazón. También resultan niños creativos, es decir, que reconocen en su interior una fuerza personal, única e independiente, que les otorga, a su vez, mayor seguridad en sí mismos, y mayor originalidad en su modo de encarar la propia vida.

Estos niños, o estos adultos, no necesitamos vivir las guerras externas para defendernos de nuestros propios depredadores internos y raramente apoyamos cruzadas políticas "en contra" de algo. Solemos ser críticos a la hora de "luchar" contra algún enemigo, ya sea en el terreno familiar como en los ámbitos de una nación. Generalmente estamos dispuestos a escuchar, a encontrar términos medios en los conflictos y a conocer las ventajas de la ampliación del conocimiento.

Sumando individuos no violentos, es decir, individuos que no tenemos miedo, que no necesitamos ganar nada, porque el tesoro lo llevamos impregnado en nuestros corazones, vamos conformando familias, que conforman comunidades, para vivir en armonía con nosotros mismos y con los demás. La generación de recursos y la economía podrían perfectamente no depender de las guerras, sino del trabajo de todos los seres humanos sanos. Si esto no es la revolución que a través de los siglos los hombres y las mujeres anhelamos, ¿de qué se trata entonces?

Nos guste o no, todos jugamos en equipo. El verdadero poder surge de la cooperación, y la grandeza del espíritu surge del desinterés personal. Cuando no tenemos nada para ganar, porque nadie nos puede quitar lo que tenemos, somos libres. Los seres humanos vivimos en manadas, dependemos de la generosidad de los otros y los demás dependen de nuestras virtudes, y sólo se trata de conocernos, para saber qué es lo que el mundo necesita de nosotros. Es tan sencillo. Sólo hagamos contacto con nuestro verdadero y generoso ser.